초등학생을 위한

논어
명문장
따라
쓰기

초등학생을 위한

논어
명문장
따라
쓰기

초판 1쇄 인쇄 2020년 6월 10일
초판 1쇄 발행 2020년 6월 17일

지은이 김태진

발행인 장상진
발행처 경향미디어
등록번호 제313-2002-477호
등록일자 2002년 1월 31일

주소 서울시 영등포구 양평동 2가 37-1번지 동아프라임밸리 507-508호
전화 1644-5613 | **팩스** 02)304-5613

ISBN 978-89-6518-309-9 64710
　　　 978-89-6518-310-5 (세트)

어린이 제품 안전 특별법에 의한 표시
제품명 도서 **제조자명** 경향미디어 **제조국** 대한민국 **전화번호** 1644-5613
주소 서울시 영등포구 양평동 2가 37-1번지 동아프라임밸리 507-508호
제조년월일 2020년 6월 17일 **사용연령** 8세 이상
※ KC마크는 이 제품이 공통안전기준에 적합하였음을 의미합니다.

초등학생을 위한

논어
명문장
따라
쓰기

김태진 지음

경향미디어

소리 내어 읽기와 따라 쓰기의 힘

어린 시절에 멋진 말씀과 지혜, 더 나아가 훌륭한 삶의 모델을 마음에 담아 본 사람은
웬만해선 삶의 바른 길을 벗어나지 않습니다. 또한 그 길을 토대로 힘껏 자신이 원하는
삶으로 도약할 수 있습니다. 큰 포부를 안고 사는 삶과 대충대충 사는 삶은 확실히 다
를 겁니다.

『맹자』에 "바다를 본 사람은 어지간한 물은 물로 보이지 않는다."라는 말씀이 나옵니
다. 고전을 읽고 '바다'를 보기 바랍니다. 고전은 글자 그대로 오래되었지만 빛이 바래
지 않고 여전히 힘을 주는, 소중하게 여겨 온 책을 말합니다.

옛 사람들이 고전을 공부할 때 활용한 방식 중 오늘날 디지털 환경에서 오히려 유효한
것이 있습니다. 바로 성독(聲讀), 즉 소리 내어 읽기와 필사(筆寫), 즉 따라 쓰기입니다.
요즘 우리는 소리 내지 않고 읽는 묵독(黙讀)에 익숙합니다. 그러나 어림잡아 100여 년
전까지만 해도 성독의 효율을 의심하지 않았습니다. 어린 학생들은 으레 같은 책을 100
번이고 1,000번이고 소리 내어 읽음으로써 글의 내용뿐 아니라 글의 리듬까지 익혔지
요. 물론 지금은 정보 자체가 너무 많아 모든 지식을 그런 식으로 받아들이는 것은 비
효율적일 수 있습니다. 그러나 마음에 담아 둘 중요한 책이나 일부분을 소리 내어 읽어

보세요. 막강한 효과를 실감할 것입니다.

요즘은 따라 쓰기, 필사라는 말을 많이 쓰지만 예전에는 초서(抄書)라고 했습니다. 한마디로 베껴 쓰는 것입니다. 책 한 권을 통째로 베끼거나 필요한 부분만 발췌하여 베꼈습니다. 그럼으로써 정보가 뇌에 각인되고, 글씨체가 바르게 교정되는 일석이조의 효과가 있지요. 컴퓨터 키보드나 스마트폰 키패드로 입력하는 데 익숙한 시대이다 보니 글씨가 매우 비뚤배뚤한 학생이 참 많습니다.

『논어』 중에서 교훈이 될 만한 문장 70개를 골랐습니다. 입으로 소리 내어 읽고 손으로 또박또박 써 가며, 마음으로 음미하고 생활 속에서 실천해 나가기를 바랍니다.

김태진

목차

머리말 : 004

공자는 누구일까요? : 010

논어는 어떤 책일까요? : 012

이 책의 구성 : 014

이 책의 활용법 : 015

1강

배움의 힘

01 : 배움에서 기쁨을 느껴라 : 018

02 : 말솜씨와 얼굴빛에 속지 마라 : 020

03 : 날마다 세 가지를 반성해라 : 022

04 : 어진 이를 가까이해라 : 024

05 : 잘못은 당장 고쳐라 : 026

06 : 행동은 빠르게 말은 느리게 해라 : 028

07 : 남을 먼저 인정해라 : 030

2강

마음의 힘

08 : 제 할 일은 알아서 해라 : 034

09 : 남의 행동과 의도를 꼼꼼히 살펴라 : 036

10 : 스승 될 자격을 갖추어라 : 038

11 : 끼리끼리 말고 두루두루 사귀어라 : 040

12 : 배움과 생각을 조화시켜라 : 042

13 : 모르면 모른다고 솔직히 말해라 : 044

14 : 견문을 넓히고 신중을 기해라 : 046

15 : 의로운 마음을 행동으로 옮겨라 : 048

16 : 기초부터 다져라 : 050

17 : 내 이익만 좇지 마라 : 052

3강
태도의 힘

18 : 자신의 능력부터 길러라 : 056
19 : 지금보다 나아지려고 애써라 : 058
20 : 부모의 나이를 기억해라 : 060
21 : 말보다 실천을 먼저 생각해라 : 062
22 : 말은 느린 듯이 행동은 빠른 듯이 해라 : 064
23 : 벗이 생기기를 기다려라 : 066
24 : 디딤돌을 마련해라 : 068
25 : 실천에 집중해라 : 070
26 : 똑똑해도 배우기를 좋아해라 : 072

4강
사귐의 힘

27 : 가까운 사이에도 공경을 오래 유지해라 : 076
28 : 다른 사람에게 화풀이하지 마라 : 078
29 : 해 보지도 않고 포기하지 마라 : 080
30 : 정직을 삶의 원칙으로 삼아라 : 082
31 : 즐기는 단계까지 도달해라 : 084
32 : 겸손하고 겸손해라 : 086
33 : 그냥 되는 일은 없다고 생각해라 : 088
34 : 노력 없이 얻은 것은 하찮게 여겨라 : 090
35 : 몰입할 때에는 밥도 잊어라 : 092
36 : 누구에게든지 배울 마음을 내라 : 094
37 : 걱정에 찌든 표정을 날려 버려라 : 096

5강 실천의 힘

38 : 교만하지 말고 인색하지도 마라 : **100**

39 : 준비를 충분히 해라 : **102**

40 : 배움에는 자만을 멀리해라 : **104**

41 : 오직 지금 여기에 집중해라 : **106**

42 : 소나무와 잣나무처럼 꿋꿋해라 : **108**

43 : 지혜와 어짊과 용기를 갖추어라 : **110**

44 : 지나치지도 모자라지도 말게 해라 : **112**

45 : 근심도 두려움도 떨쳐 버려라 : **114**

46 : 믿음을 주춧돌로 삼아라 : **116**

47 : 제 위치에서 제 역할을 다해라 : **118**

48 : 약속을 묵혀 두지 마라 : **120**

49 : 단점보다 장점을 북돋워라 : **122**

50 : 학문으로 벗을 사귀어라 : **124**

6강 성찰의 힘

51 : 욕심을 앞세워 서두르지 마라 : **128**

52 : 남에게 휘둘리지 마라 : **130**

53 : 내실을 채우고 교만을 멀리해라 : **132**

54 : 말재주에 현혹되지 마라 : **134**

55 : 가난하되 자존심을 잃지 마라 : **136**

56 : 어려운 상황일수록 원칙을 지켜라 : **138**

57 : 누구도 아닌 자신을 위해 배워라 : **140**

58 : 남 탓보다 제 탓을 해라 : **142**

7강

습관의 힘

59 : 멀리 내다보고 준비해라 : **146**

60 : 걱정만 말고 꿈틀대라 : **148**

61 : 문제의 원인을 자신에게서 찾아라 : **150**

62 : 남의 입장에서 먼저 생각해라 : **152**

63 : 마지막 판단은 자신이 해라 : **154**

64 : 잘못을 얼버무리지 마라 : **156**

65 : 유익한 벗을 사귀어라 : **158**

66 : 생각하고 행동해라 : **160**

67 : 선은 쫓아가고 악은 벗어나라 : **162**

68 : 습관의 힘을 믿어라 : **164**

69 : 남에게 완벽함을 요구하지 마라 : **166**

70 : 변명을 늘어놓지 마라 : **168**

평범함을 딛고 비범함에 이른 공자

공자는 이름이 공구(孔丘)로 기원전 551년에 노나라의 작은 마을에서 태어났습니다. 공자는 아버지가 일찍 세상을 떠나는 바람에 가난하고 힘든 생활 속에서 어머니를 모시며 살았습니다. 공자가 자신의 삶을 직접 말한 대목을 볼까요?

공자께서 말씀하셨다. "나는 나이 열다섯에 배움에 뜻을 두었고, 서른에 삶에 대한 견해가 확고히 섰으며, 마흔에는 헛된 욕망에 휘둘리지 않았고, 쉰에 세상의 이치를 알았으며, 예순에 어떤 말을 들어도 귀에 거슬리지 않았고, 일흔에 마음이 내키는 대로 해도 법도에 어긋남이 없었다."

−위정 4

위의 인용 부분은 공자가 말년에 자신의 한평생을 회고하며 적은 '인생 이력서'라고 할 수 있습니다. 공자가 직접 요약한 열다섯부터 일흔까지의 삶을 보면, 끊임없이 성장하고 있음을 알 수 있습니다. 어른이 되면 더 나은 사람이 되려고 노력하지 않는 사람이 많아요. 그런데 공자는 죽을 때까지 한순간도 인격의 성장을 멈추지 않았습니다. 훌륭한 사람이 되기 위해 노력한 것이죠. 그러면 공자는 어떤 노력을 했을까요? 이 또한 『논어』에 실린 대목에서 찾을 수 있습니다.

섭공이 자로에게 공자에 대해 물었다. 자로가 대답하지 못했다. 공자께서 말씀하셨다. "너는 왜 이렇게 말하지 않았느냐. 그 사람됨이 발분(發憤)하면 밥 먹는 것도 잊고, 즐거움으로 근심을 잊어버려 늙음이 장차 닥쳐 오는 것도 모르는 사람이라고." -술이 18

위의 글은 공자의 '자기소개서'라고 할 수 있습니다. 공자가 끊임없이 성장할 수 있었던 비결은 '몰두'와 '배우기를 좋아함' 덕분입니다. 몰두와 배움의 대상이 꼭 학교 공부만은 아닙니다. 무슨 일이든 몰두하고 배우기를 좋아하면 이루지 못할 일은 없습니다. 공자는 수레를 타고 무려 14년 동안 여러 나라를 떠돌며 자신의 정치적 포부를 펼칠 임금을 찾아가 설득하지만 누구도 그에게 결정적 기회를 주지 않았습니다. 정치가로서의 그의 삶은 실패하고 말았지요. 그러나 교육자로서의 그의 삶은 성공하여 뛰어난 제자를 많이 길러 냈습니다. 그의 제자와 제자의 제자들의 노력, 왕조의 정치적 필요와 당대의 요구에 의해 공자의 사상은 '유학'이라는 이름으로 시대를 넘어 2,500년 후인 오늘날까지 인류에 깊은 감동을 주고 있습니다.

공자와 제자들의 인생 상담 기록, 『논어』

『논어』는 공자와 그의 제자들이 삶의 이치, 정치, 교육 등에 관해 논의한 내용이 담긴 책이에요. 공자가 불특정한 제자들에게 한 말, 제자의 질문과 공자의 대답, 제자가 공자에게 들은 말, 공자가 당시 정치가들과 나눈 이야기 등이 기록되어 있습니다. 그런데 『논어』는 공자가 직접 쓴 책은 아닙니다. 공자가 세상을 떠난 뒤, 그의 제자 혹은 제자의 제자들의 손을 거쳐서 완성되었지요. 한 사람의 저자가 체계를 갖추어 정리한 것이 아니므로 각 편이 통일된 주제로 묶인 것은 아닙니다. 그래서 비슷한 내용의 문장이 여기저기 흩어져 나오기도 하고, 심지어는 같은 문장이 반복되기도 합니다.

『논어』는 모두 20편으로 이루어져 있는데, 자왈(子曰)을 뺀 각 편의 첫 번째 두 글자를 따서 편명으로 삼았습니다. 예를 들어 첫 편의 제목인 '학이(學而)'는 첫 구절 '학이시습지(學而時習之)'의 처음 두 글자에서 따온 것입니다.

『논어』에 담긴 공자의 가르침 중에 가장 중요한 사상은 '인(仁)'입니다. 인은 우리말 '어질다'로 옮기는데, 그 뜻은 실제 굉장히 넓어 뭐라고 딱 꼬집어 말하기는 힘들지만 쉽게 말하면 '사랑'입니다. 타인에 대한 사랑이지요. 인을 묻는 세 제자의 질문에 공자가 각기 다르게 답했는데, 그중 간략하고 핵심적인 대답이 애인(愛人), 즉 남을 사랑하는 것이라고 되어 있습니다.

공자의 가르침 중 인 다음으로 중요한 것이 서(恕)입니다. 서도 넓은 의미에서는 인에 속합니다만, 간단히 말하면 타인에 대한 배려입니다. 서를 풀이한 것이 바로 그 유명한 문장인 '자기가 하고 싶지 않은 일을 남에게 시키지 말라[己所不欲, 勿施於人].'입니다. 인과 서는 『논어』의 날줄과 씨줄이라 할 수 있어요.

우리나라에 『논어』가 들어온 것은 삼국시대였습니다. 신라 때부터 『논어』는 인재를 뽑는 시험의 과목으로 포함될 정도였어요. 특히 조선은 공자를 시조로 하는 유교를 이상으로 내걸고 세워진 나라였기 때문에 『논어』는 통치 이념이었지요. 선비에게는 삶의 기준이자 출세의 수단이었습니다. 조선을 지탱한 단 한 권의 책을 꼽으라면 단연 『논어』입니다.

『논어』는 종교에 관한 책이 아니라 인간에 관한 책이기 때문에 다양한 인간이 등장합니다. 공자의 입장에서는 제자들에게 쉽게 설명해 주기 위해 군자와 소인으로 나눕니다. 군자는 공자가 생각하는 이상적인 인간입니다. 도덕적으로 인격이 성숙한 사람, 학문과 인품이 높은 사람입니다. 한마디로 훌륭한 사람입니다. 반면에 군자와 상반되는 인물인 소인은 인품이 낮고 속이 좁은 사람입니다. 한마디로 지질한 사람입니다. 군자와 소인의 구분은 이 책에도 자주 나오니 미리 알아두면 좋습니다.

『논어』는 읽을수록 의미가 깊고 넓고 새롭게 다가오는 책입니다. 그리고 눈으로 읽는 것보다는 입으로 소리 내어 읽으면 더 좋고, 나아가 손으로 써 가며 뜻을 새겨 보면 더더욱 좋습니다. 여러분도 『논어』의 참맛을 느껴 보길 진심으로 바랍니다.

이 책의 구성

『논어』의 명문장을 소리 내어 읽고 따라 쓰는 과정에서 바른 글씨를 익히고, 『논어』의 지혜를 이해할 수 있도록 책을 구성하였습니다.

① 총 70개의 문장을 7개의 주제로 나누고, 『논어』의 핵심이 되는 명문장을 골랐습니다.

『논어』는 모두 498장(주희의 논어집주본 기준)으로 구성되어 있습니다. 그중 70개의 명문장을 골라 7개의 주제로 묶었습니다. 어린이가 『논어』의 지혜를 맛볼 수 있도록 어린이의 눈높이에서 핵심 문장을 선택하였습니다.

② 한자 원문의 뜻도 익힐 수 있도록 했습니다.

명문장의 원문을 소개하고 한자마다 음과 뜻을 달아 한자 실력도 키울 수 있도록 하였습니다.

③ 정확하고 쉽게 풀이했습니다.

원문의 의미가 모두 담기면서도 그 의미가 잘 전달될 수 있도록 설명하였습니다.

④ 명문장의 깊은 의미를 파악하도록 설명을 덧붙였습니다.

'이해의 디딤돌'을 마련하여 문장의 속뜻을 깊이 이해하도록 상세하게 해설하였습니다. 아이와 엄마, 아빠가 함께 읽고 토론할 수 있도록 내용에 신경을 썼습니다.

⑤ 한자 원문의 한자와 관련된 한자어를 실었습니다.

'관련 어휘 풀이'를 마련하여 일상생활에서 많이 쓰이는 한자어들을 익힐 수 있게 하였습니다.

⑥ 명문장을 손으로 따라 쓰는 칸을 마련했습니다.

문장을 소리 내어 읽고 나서 찬찬히 따라 써 봄으로써 바른 글씨를 익히도록 하였습니다.

14

이 책의 ✏️ 활용법

게임과 유튜브에 익숙한 어린이가 책상에 앉아 2,500년 전의 고전 『논어』의 명문장을 따라 쓴다는 것 자체가 신기한 풍경일 수 있습니다. 그만큼 아이들이 스스로 하길 기대하기는 어렵습니다. 엄마와 아빠가 곁에서 다음과 같이 도와주면 좋겠습니다.

1 따라 쓰기 전에 반드시 크게 소리 내어 읽도록 해 주세요. 엄마와 아빠가 함께 소리 내어 읽어 주면 더욱 좋습니다.

2 따라 쓰기를 할 때에는 바른 자세로 앉아서 정성껏 반듯하게 쓰도록 해 주세요. 다만 글씨가 비뚤배뚤하더라도 이 책이 끝날 때까지 기다리면서 격려를 보내 주세요.

3 '이해의 디딤돌'에는 해당 문장의 이해와 함께 고민해 볼 거리가 제시되어 있습니다. 공자의 지혜로운 말씀이 아이의 마음에 깊이 자리 잡을 수 있도록 아이와 함께 이야기를 나누어 보세요.

4 원문과 해석에는 우리말 현토를 달았습니다. 다만 해당 장의 일부를 가져올 때에는 문맥에 맞게 바꾸었습니다. 아이 눈높이에 맞게 다시 설명해 주어도 좋습니다.

5 한국어문회 선정 7, 8급 한자를 중심으로 한자 풀이를 하였습니다. 다만 중요하다고 판단되는 글자는 급수에 구애받지 않고 한자 풀이를 하였습니다.

1강

배움의 힘

學而時習之면
배울 **학**　말 이을 **이**　때 **시**　익힐 **습**　어조사 **지**

不亦說乎아
아니 **불**　또 **역**　기쁠 **열**　어조사 **호**

> 학이시습지면
> 불역열호아

배우고 나서 배운 것을 그때그때 익힌다면 이 역시 기쁜 일이 아니겠는가. 학이1

이해의 디딤돌

처음 자전거를 배울 때를 기억하나요? 넘어지고 또 넘어지다 마침내 누가 잡아 주지 않아도 혼자 페달을 밟아나갈 때 느낀 기쁨을요. 이런 배움의 기쁨을 차곡차곡 쌓는 일이야말로 즐겁고 행복한 삶을 살아가는 방법이라고 공자는 말합니다. 배움이란 꼭 학교 공부만이 아니라 머리로 배우고 몸으로 익히는 모든 일을 가리킵니다. 그러나 거저 되는 일은 보람 있는 일이 아닙니다. 배움에서 기쁨을 느끼려면 꾸준한 연습이 필요합니다.

관련 어휘 풀이

학교(學校) : 배울 학, 가르칠 교. 학생[學]들을 모아 두고 가르치는[校] 곳.
습관(習慣) : 버릇 습, 버릇 관. 반복해서 익혀진[習] 버릇[慣].
시간(時間) : 때 시, 사이 간. 어떤 때[時]부터 어떤 때까지의 사이[間].

✏️ 한 글자 한 글자씩 천천히 써 보세요.

배	우	고		나	서		배	운		것	을		그	때
그	때		익	힌	다	면		이		역	시		기	쁜
일	이		아	니	겠	는	가	.						

🖌️ 눈을 감고 뜻을 음미한 뒤에 다시 한 번 써 보세요.

🖌️ 느낀 점을 한 줄로 간단히 적어 보세요.

🖌️ 자주 사용하는 한자를 따라 써 보세요.

學	校	學	校	學	校							
習	慣	習	慣	習	慣							
時	間	時	間	時	間							

巧 言 令 色 이
교묘할 **교**　말씀 **언**　좋을 **영**　얼굴빛 **색**

鮮 矣 仁 이니라
드물 **선**　어조사 **의**　어질 **인**

교언영색이
선의인이니라

말을 듣기 좋게 하고 얼굴빛을 꾸며
비위를 맞추는 사람치고
어진 이는 드물다. 학이 3

이해의 디딤돌

사람의 첫인상을 좌우하는 게 말솜씨와 얼굴빛입니다. 눈에 보이는 것만큼 속기 쉬운 것도 없지요. 그래서 사기꾼은 말주변이 좋고 친절해 보입니다. 그 사람의 참모습은 서서히 드러날 때가 많아요. 자신의 눈을 너무 믿지는 마세요. 말은 어눌하고 표정은 뚱해도 정말 괜찮은 사람일 수 있거든요.

관련 어휘 풀이

언어(言語) : 말씀 언, 말씀 어. 생각이나 느낌을 나타내거나 전달하는 데 쓰는 말[言=語].
색상(色相) : 빛 색, 모양 상. 빛깔[色]의 모양[相].
인자(仁慈) : 어질 인, 사랑할 자. 마음이 어질고[仁] 남을 사랑함[慈].

✏️ 한 글자 한 글자씩 천천히 써 보세요.

말	을		듣	기		좋	게		하	고		얼	굴	빛
을		꾸	며		비	위	를		맞	추	는		사	람
치	고		어	진		이	는		드	물	다	.		

🖌️ 눈을 감고 뜻을 음미한 뒤에 다시 한 번 써 보세요.

✏️ 느낀 점을 한 줄로 간단히 적어 보세요.

🖌️ 자주 사용하는 한자를 따라 써 보세요.

言	語	言	語	言	語				
色	相	色	相	色	相				
仁	慈	仁	慈	仁	慈				

21

03 날마다 세 가지를 반성해라

論語

爲 人 謀 而 不 忠 乎 아

위할 **위**　사람 **인**　꾀할 **모**　말 이을 **이**　아니 **불**　진실할 **충**　어조사 **호**

與 朋 友 交 而 不 信 乎 아

더불 **여**　벗 **붕**　벗 **우**　사귈 **교**　말 이을 **이**　아니 **불**　믿을 **신**　어조사 **호**

傳 不 習 乎 아니라

전할 **전**　아니 **불**　익힐 **습**　어조사 **호**

> **위인모이불충호**아
> **여붕우교이불신호**아
> **전불습호**아니라

남을 위해 일하면서 최선을 다하지 않았는가?
친구와 사귀면서 믿음을 지키지 않았는가?
스승에게 배운 것을 열심히 익히지 않았는가? 학이 4

이해의 디딤돌

공자의 제자인 증삼(曾參)은 매일 세 가지 기준으로 자신을 반성했다고 합니다. 적어도 이것만은 날마다 지켰는지의 여부를 꼼꼼히 따져 보았다는 말입니다. 각자 자신이 제일 중요하다고 생각하는 일, 그렇지만 항상 지킬 수 있는 쉬운 일 세 가지를 정해서 실천해 보면 어떨까요? 지키기 쉬운 일부터 잘 지켜 나간다면 지키기 어려운 일도 척척 지켜 나갈 수 있을 겁니다. 매일 조금씩 그러나 꾸준히 말입니다.

관련 어휘 풀이

모의(謀議) : 꾀할 모, 의논할 의. 어떤 일을 꾸미고[謀] 의논[議]함.
신념(信念) : 믿을 신, 생각 념. 굳게 믿어[信] 변하지 않는 생각[念].

남	을		위	해		일	하	면	서		최	선	을
다	하	지		않	았	는	가	?			친	구	와		사
귀	면	서		믿	음	을		지	키	지		않	았	는
가	?		스	승	에	게		배	운		것	을		열
심	히		익	히	지		않	았	는	가	?			

🖌️ 눈을 감고 뜻을 음미한 뒤에 다시 한 번 써 보세요.

✏️ 느낀 점을 한 줄로 간단히 적어 보세요.

🖌️ 자주 사용하는 한자를 따라 써 보세요.

謀	議	謀	議	謀	議				
信	念	信	念	信	念				

04 어진 이를 가까이해라

論語

汎 愛 衆 하되
넓을 **범**　사랑할 **애**　많은 사람 **중**

而 親 仁 이니라
말 이을 **이**　가까이할 **친**　어질 **인**

범애중하되
이친인이니라

널리 사람들을 사랑하면서도 그중에
어진 이를 더욱 가까이해야 한다. 학이 6

이해의 디딤돌

나하고 성격과 행동 방식이 다르다고 무조건 멀리하지 말고, 많은 사람과 두루 친하게 지내라는 의미예요. 그렇다고 무리하게 노력할 일은 아닙니다. 잘 안되면 덤덤하게 지내도 돼요. 그러나 어진 이와는 가까이하려고 노력해 보세요. 나보다 착한 사람, 나보다 현명한 사람, 나보다 어떤 점이라도 나은 사람은 본받아야겠지요. 사람마다 장단점이 있으니 겪어 보고 그들의 장점을 배워 본다는 마음으로 가까이해 보세요.

관련 어휘 풀이

애국(愛國) : 사랑할 애, 나라 국. 자신의 나라[國]를 사랑함[愛].
대중(大衆) : 큰 대, 무리 중. 많은[大] 사람들의 무리[衆].
친구(親舊) : 가까울 친, 오래 구. 가깝게[親] 오래[舊] 사귄 사람.

✏️ 한 글자 한 글자씩 천천히 써 보세요.

널	리		사	람	들	을		사	랑	하	면	서	도	
그	중	에		어	진		이	를		더	욱		가	까
이	해	야		한	다	.								

🖌️ 눈을 감고 뜻을 음미한 뒤에 다시 한 번 써 보세요.

✏️ 느낀 점을 한 줄로 간단히 적어 보세요.

🖌️ 자주 사용하는 한자를 따라 써 보세요.

愛	國	愛	國	愛	國									
大	衆	大	衆	大	衆									
親	舊	親	舊	親	舊									

05 잘못은 당장 고쳐라

過 則 勿 憚 改 니라

허물 **과**   곧 **즉**   금지할 **물**   꺼릴 **탄**   고칠 **개**

과즉물탄개니라

잘못이 있으면 고치기를 망설이지 말아야 한다. 학이 8

이해의 디딤돌

잘못은 누구나 범할 수 있어요. 다행히 대부분의 잘못은 고치면 바로 없어집니다. 문제는 같은 잘못을 반복하거나 잘못에 무뎌 반성할 줄 모르는 것입니다. 남에게 피해를 입힌 큰 잘못은 합당한 벌을 받아야 합니다. 그러나 자신과 지킨 약속을 실천하지 못한 잘못 같은 경우는 고치는 즉시 잘못하기 이전의 상태로 돌아갈 수 있습니다.

관련 어휘 풀이

과실(過失) : 지나칠 과, 그르칠 실. 지나침[過]과 잘못[失].

물론(勿論) : 없을/말 물, 말할 론. 말할[論] 것도 없음[勿].

개선(改善) : 고칠 개, 좋을 선. 잘못된 것이나 부족한 것 등을 고쳐[改] 더 좋게[善] 만듦.

✏️ 한 글자 한 글자씩 천천히 써 보세요.

잘	못	이		있	으	면		고	치	기	를		망	설
이	지		말	아	야		한	다	.					

🖌️ 눈을 감고 뜻을 음미한 뒤에 다시 한 번 써 보세요.

✏️ 느낀 점을 한 줄로 간단히 적어 보세요.

🖌️ 자주 사용하는 한자를 따라 써 보세요.

過	失	過	失	過	失				
勿	論	勿	論	勿	論				
改	善	改	善	改	善				

敏 於 事 而 愼 於 言 이니라

민첩할 **민**　어조사 **어**　일 **사**　말 이을 **이**　삼갈 **신**　어조사 **어**　말씀 **언**

민어사이신어언
이니라

일은 민첩하게 하고 말은
신중하게 하라. 학이 14

이해의 디딤돌

사람의 일상은 말과 행동으로 이루어져요. 말이 앞서고 행동은 나중에 와요. 예를 들어 친구와 만나자는 약속의 말을 하고 나서 만남의 말을 실천하는 식이죠. 항상 일은 미적거리고 미루기 쉽기 때문에 빨리 처리하려고 노력해야 하고, 말은 실천할 수 있는지를 고민하기도 전에 입 밖으로 나오기 쉽기 때문에 신중하라는 의미이죠. '행동은 빠르게, 말은 신중하게'만 지켜도 어디를 가나 신뢰받는 사람이 될 거예요.

관련 어휘 풀이

민첩(敏捷) : 재빠를 민, 빠를 첩. 재빠르고[敏] 날램[捷].
사리(事理) : 일 사, 이치 리. 일[事]의 이치[理].
신중(愼重) : 삼갈 신, 무거울 중. 행동을 삼가고[愼] 무겁게[重] 함.

✏️ 한 글자 한 글자씩 천천히 써 보세요.

일	은		민	첩	하	게		하	고		말	은		신
중	하	게		하	라	.								

🖌️ 눈을 감고 뜻을 음미한 뒤에 다시 한번 써 보세요.

✏️ 느낀 점을 한 줄로 간단히 적어 보세요.

🖌️ 자주 사용하는 한자를 따라 써 보세요.

敏	捷	敏	捷	敏	捷					
事	理	事	理	事	理					
愼	重	愼	重	愼	重					

論語

不患人之不己知 요

아니 **불**　근심할 **환**　사람 **인**　어조사 **지**　아니 **불**　자기 **기**　알 **지**

患不知人也 니라

근심할 **환**　아니 **부**　알 **지**　사람 **인**　어조사 **야**

불환인지불기지요
환부지인야니라

남이 자기를 알아주지 않음을 걱정할 것이 아니라 자기가 남을 알아보지 못함을 걱정해야 한다. 학이 16

이해의 디딤돌

예를 들어 학교 수학 시험에서 95점을 받아왔는데, 아빠 엄마가 '100점'이 아니라고 시큰둥하게 반응한다면 굉장히 서운하겠죠. 칭찬받을 만한 일에 칭찬을 받지 못하면 서운한 건 사실입니다. 그런데 아빠 엄마를 기쁘게 하려고 수학 공부를 하는 것은 아니지요. 엄마 아빠를 포함해서 나 아닌 남들이 알아주기를 바라는 마음을 조금 줄이는 대신 내가 먼저 남들을 인정해 보세요. 이것이 바로 겸손입니다. 겸손은 오히려 자신을 돋보이게 하는 지름길입니다.

관련 어휘 풀이

인류(人類) : 사람 인, 무리 류. 사람[人]의 무리[類].

극기(克己) : 이길 극, 자기 기. 자기[己]의 욕망이나 충동 등을 의지로 눌러 이김[克].

지식(知識) : 알 지, 알 식. 어떤 대상에 대해 알게 된[知] 명확한 인식[識].

✏️ 한 글자 한 글자씩 천천히 써 보세요.

남	이		자	기	를		알	아	주	지		않	음	을
걱	정	할		것	이		아	니	라		자	기	가	
남	을		알	아	보	지		못	함	을		걱	정	해
야		한	다	.										

🖌️ 눈을 감고 뜻을 음미한 뒤에 다시 한번 써 보세요.

🖌️ 느낀 점을 한 줄로 간단히 적어 보세요.

🖌️ 자주 사용하는 한자를 따라 써 보세요.

人	類	人	類	人	類				
克	己	克	己	克	己				
知	識	知	識	知	識				

2강

마음의 힘

08 제 할 일은 알아서 해라

父 母 는
아버지 **부**　어머니 **모**

唯 其 疾 之 憂 니라
오직 **유**　그 **기**　아플 **질**　어조사 **지**　근심할 **우**

부모는
유기질지우니라

효는 부모가 자식의 질병만을
걱정하게 하는 것이다. 위정 6

**이해의
디딤돌**

효가 무엇인지에 대한 공자의 답변입니다. '병 이외의 다른 일로 부모님을 근심하지 않게 하는 것이 효'라는 뜻입니다. 아프지 않은 것은 물론이고, 공부는 당연히 잘하고 성격도 싹싹한 이른바 '엄친아'가 되라는 것 같아 부담된다고요? 한편 부모는 자식의 건강을 가장 걱정하므로 건강을 걱정하지 않도록 하는 것이 효라고 풀이하기도 합니다. 그렇지만 '난 건강하니까 효도 끝!'이라고 생각하면 곤란하겠죠.

**관련
어휘
풀이**

부모(父母) : 아버지 부, 어머니 모. 아버지[父]와 어머니[母].
유일(唯一) : 오직 유, 한 일. 오직[唯] 하나[一]밖에 없음.
질병(疾病) : 병 질, 병 병. 몸의 온갖 병[疾=病].

✏️ 한 글자 한 글자씩 천천히 써 보세요.

효	는		부	모	가		자	식	의		질	병	만	을
걱	정	하	게		하	는		것	이	다	.			

✏️ 눈을 감고 뜻을 음미한 뒤에 다시 한 번 써 보세요.

✏️ 느낀 점을 한 줄로 간단히 적어 보세요.

✏️ 자주 사용하는 한자를 따라 써 보세요.

父	母	父	母	父	母			
唯	一	唯	一	唯	一			
疾	病	疾	病	疾	病			

35

09 남의 행동과 의도를 꼼꼼히 살펴라

視 其 所 以 하고
볼 **시**　그 **기**　바 **소**　써 **이**

觀 其 所 由 하며
볼 **관**　그 **기**　바 **소**　말미암을 **유**

察 其 所 安 하라
살필 **찰**　그 **기**　바 **소**　편안할 **안**

시기소이하고
관기소유하며
찰기소안하라

그 사람이 하고 있는 일을 보고,
그가 어떤 까닭으로 그렇게 하는지 자세히 보며,
그가 그 행동을 편안하게 행하는지를 꼼꼼히 살펴라. 위정 10

**이해의
디딤돌**

『논어』에는 '자신의 인격을 닦으라.'라는 말씀과 '타인을 잘 관찰하라.'라는 말씀이 많아요. 타인의 선의만 믿고 잘 속아 넘어가는 어리숙한 사람은 공자가 말한 군자가 아닙니다. 사람이 너무 순진하고 착해서 사기를 잘 당한다면, 공자는 그런 사람을 어진 사람이 아니라 모자란 사람으로 보았을 겁니다. 남의 행동과 의도를 잘 파악하여 남에게 속지 않는 것도 지혜입니다.

**관련
어휘
풀이**

소중(所重) : 바 소, 무거울 중. 귀중한[重] 것[所].
유래(由來) : 까닭 유, 올 래. 어떤 까닭[由]으로 생겨남[來].
안전(安全) : 편안할 안, 온전할 전. 편안하고[安] 온전함[全].

✏️ 한 글자 한 글자씩 천천히 써 보세요.

그		사	람	이		하	고		있	는		일	을	
보	고	,	그	가		어	떤		까	닭	으	로		그
렇	게		하	는	지		자	세	히		보	며	,	그
가		그		행	동	을		편	안	하	게		행	하
는	지	를		꼼	꼼	히		살	펴	라	.			

🖌️ 눈을 감고 뜻을 음미한 뒤에 다시 한번 써 보세요.

✏️ 느낀 점을 한 줄로 간단히 적어 보세요.

🖌️ 자주 사용하는 한자를 따라 써 보세요.

所	重	所	重	所	重					
由	來	由	來	由	來					
安	全	安	全	安	全					

37

溫 故 而 知 新 이면

익힐 **온**　옛 **고**　말 이을 **이**　알 **지**　새로울 **신**

可 以 爲 師 矣 니라

가할 **가**　써 **이**　될 **위**　스승 **사**　어조사 **의**

온고이지신이면
가이위사의니라

옛것을 잘 익히고 새것을 알면 남의 스승이 될 만하다. 위정 11

이해의 디딤돌

'옛것에 집착하지도 새것에 휘둘리지도 말라.'라는 뜻입니다. 옛것만 꼭 잡고 있으면 다람쥐 쳇바퀴 돌듯 발전이 없습니다. 새것에만 정신이 빠져 있으면 어디로 가는지도 모르고 허둥댑니다. 둘 사이에서 균형을 잡는다면 남의 스승이 될 수 있다는 말씀입니다. 한편 '옛것을 더듬고 새것도 알아야 하니 스승이란 한번 되어 봄직도 하다.'로 해석하기도 합니다. 스승의 위치는 옛것도 새것도 부지런히 배워야 하니 공부를 좋아하는 사람이라면 스승 노릇을 해 볼 만하다는 뜻입니다. '온고지신'이란 사자성어가 여기에서 나왔습니다.

관련 어휘 풀이

고인(故人) : 옛 고, 사람 인. 죽은[故] 사람[人].

신년(新年) : 새 신, 해 년. 새[新] 해[年].

이상(以上) : 부터 이, 위 상. 어떤 기준으로부터[以] 그 위쪽[上].

✏️ 한 글자 한 글자씩 천천히 써 보세요.

옛	것	을		잘		익	히	고		새	것	을		알
면		남	의		스	승	이		될		만	하	다	.

🖌️ 눈을 감고 뜻을 음미한 뒤에 다시 한 번 써 보세요.

✏️ 느낀 점을 한 줄로 간단히 적어 보세요.

🖌️ 자주 사용하는 한자를 따라 써 보세요.

故	人	故	人	故	人					
新	年	新	年	新	年					
以	上	以	上	以	上					

끼리끼리 말고 두루두루 사귀어라

論語

君 子 는 周 而 不 比 하고
임금 군 아들 자 두루 주 말 이을 이 아니 불 패거리 지을 비

小 人 은 比 而 不 周 이니라
작을 소 사람 인 패거리 지을 비 말 이을 이 아니 부 두루 주

군자는 두루두루 사귀고
패거리를 만들지 않는다.
반면에 소인은 패거리를 만들 뿐
두루두루 사귀지 못한다. 위정 14

군자는 **주이불비**하고
소인은 **비이부주**니라

이해의 디딤돌

군자는 참되고 바른 인간이고 소인은 하찮고 지질한 인간입니다. 겉으로 보면 다를 바가 없어 구별이 어렵지만 사람을 사귈 때 그 차이가 확연히 드러납니다. 참된 인간은 진심으로 사귑니다. 나하고 처지가 달라도 포부와 이상이 같아 마음이 통한다면 두루두루 편견 없이 사귑니다. 반면에 하찮은 인간은 남이 가진 세력(지위, 재산, 학벌 등)을 보고 사귑니다. 세력이 있다 싶으면 달려가 사귀고 세력이 없어진다 싶으면 멀리합니다. 그래서 소인은 끼리끼리 모여 남의 뒷담화나 합니다.

관련 어휘 풀이

자녀(子女) : 아들 자, 딸 녀. 아들[子]과 딸[女].
비유(比喩) : 견줄 비, 고할 유. 어떤 현상이나 사물을 다른 것에 빗대어[比] 설명함[喩].
소형(小型) : 작을 소, 모형 형. 작은[小] 모형[型].

군	자	는		두	루	두	루		사	귀	고		패	거
리	를		만	들	지		않	는	다	.	반	면	에	
소	인	은		패	거	리	를		만	들		뿐		두
루	두	루		사	귀	지		못	한	다	.			

🖌️ 눈을 감고 뜻을 음미한 뒤에 다시 한 번 써 보세요.

✏️ 느낀 점을 한 줄로 간단히 적어 보세요.

🖌️ 자주 사용하는 한자를 따라 써 보세요.

子	女	子	女	子	女				
比	喩	比	喩	比	喩				
小	型	小	型	小	型				

學 而 不 思 則 罔 하고

배울 **학**　말 이을 **이**　아니 **불**　생각할 **사**　곧 **즉**　없을 **망**

思 而 不 學 則 殆 니라

생각할 **사**　말 이을 **이**　아니 **불**　배울 **학**　곧 **즉**　위태로울 **태**

학이불사즉망하고
사이불학즉태니라

배우기만 하고 생각하지 않으면
얻는 것이 없고, 생각하기만 하고
배우지 않으면 일처리에 서툴다. 위정 15

이해의 디딤돌

지식을 쌓기만 하고 자신의 생각으로 정리하지 않으면 나중엔 하나도 남는 게 없어요. 쉽게 잊어버리지요. 이런 친구들은 필기는 열심히 하는데 물어보면 잘 몰라요. 어떻게 하면 될까요? 공부하고 나서 빈 노트에 기억나는 것을 정리해 보세요. 노트에 정리된 것만 진짜 본인의 지식입니다. 공상에만 빠져 있는 사람은 얼마 되지 않은 지식만 믿고 자신감만 충만합니다. 흔한 말로 무식해서 용감한 사람인데 막상 일을 맡기면 서툴기 짝이 없습니다. 배움과 사색을 겸비해야 합니다.

관련 어휘 풀이

사고(思考) : 생각할 사, 살필 고. 생각하고[思] 살핌[考].
망극(罔極) : 없을 망, 끝 극. 끝[極]이 없음[罔].
위태(危殆) : 두려울 위, 다급할 태. 두렵고[危] 다급함[殆].

배	우	기	만		하	고		생	각	하	지		않	으
면		얻	는		것	이		없	고	,	생	각	하	기
만		하	고		배	우	지		않	으	면		일	처
리	에		서	툴	다	.								

🖌️ 눈을 감고 뜻을 음미한 뒤에 다시 한번 써 보세요.

✏️ 느낀 점을 한 줄로 간단히 적어 보세요.

🖌️ 자주 사용하는 한자를 따라 써 보세요.

思	考	思	考	思	考				
罔	極	罔	極	罔	極				
危	殆	危	殆	危	殆				

13 모르면 모른다고 솔직히 말해라

知 之 爲 知 之 요
알 **지** 어조사 **지** 할 **위** 알 **지** 어조사 **지**

不 知 爲 不 知 가
아니 **부** 알 **지** 할 **위** 아니 **부** 알 **지**

是 知 也 니라
이 **시** 알 **지** 어조사 **야**

지지위지지요
부지위부지가
시지야니라

**어떤 것을 알면 안다고 하고 모르면 모른다고
하는 것, 이것이 진정으로 아는 것이다.** 위정 17

**이해의
디딤돌**

아는 것을 안다고 하기는 참 쉽습니다. 하지만 모르는 것을 모른다고 하기는 정말 어렵습니다. 전혀 모르거나 확실히 몰라도 안다고 우겨대는 경우가 많지요. 그런데 알면 안다고 하고 모르면 모른다고 하는 것이 진정으로 아는 것이라니, 뭔가 뒤통수를 한 대 맞은 것 같지 않나요? 모르는 것을 모른다고 하면 두 가지 장점이 있습니다. 자신을 속이지 않았다는 점, 아는 것과 모르는 것을 분명하게 구분할 줄 알게 되었다는 점입니다. 무언가를 배울 때 '내가 무얼 알고 있지?'보다 '내가 무얼 모르고 있지?'에 집중해 보세요. 배움의 보람이 눈에 띄게 늘어날 겁니다.

**관련
어휘
풀이**

위주(爲主) : 할 위, 주인 주. 주[主]된 것으로 삼음[爲].
불만(不滿) : 아니 불, 찰 만. 마음에 차지[滿] 않음[不].
시비(是非) : 옳을 시, 아닐 비. 옳음[是]과 그름[非].

어	떤		것	을		알	면		안	다	고		하	고
모	르	면		모	른	다	고		하	는		것	,	이
것	이		진	정	으	로		아	는		것	이	다	.

🖌️ 눈을 감고 뜻을 음미한 뒤에 다시 한 번 써 보세요.

✏️ 느낀 점을 한 줄로 간단히 적어 보세요.

🖌️ 자주 사용하는 한자를 따라 써 보세요.

爲	主	爲	主	爲	主									
不	滿	不	滿	不	滿									
是	非	是	非	是	非									

多 見 闕 殆 요

많을 **다**　볼 **견**　빼놓을 **궐**　위태로울 **태**

愼 行 其 餘 則 寡 尤 이니라

신중할 **신**　행할 **행**　그 **기**　나머지 **여**　곧 **즉**　적을 **과**　허물 **우**

**많이 보고서 위태로운 것은 빼놓고
그 나머지도 신중하게 행한다면
후회하는 일이 적을 것이다.** 위정 18

다견궐태요
신행기여즉과우이니라

이해의
디딤돌

많이 듣고 많이 보아야 합니다. 즉 견문을 넓혀야 합니다. 그러면 무엇이 확실한 지식인지 무엇이 불확실한 지식인지 머릿속에 자연스레 떠오를 겁니다. 그 확실하다고 떠오른 지식 중에도 곰곰이 생각해 보면 흐릿하고 애매한 지식이 있을 겁니다. 이런 지식은 과감하게 제쳐 두고 더 확실한 지식으로 남은 것도 신중하게 행동으로 옮기라는 의미이지요.

관련
어휘
풀이

다정(多情) : 많을 다, 마음 정. 정(情)이 많음[多].
견문(見聞) : 볼 견, 들을 문. 보고[見] 들음[聞].
행인(行人) : 갈 행, 사람 인. 길을 다니는[行] 사람[人].

✏️ 한 글자 한 글자씩 천천히 써 보세요.

많	이		보	고	서		위	태	로	운		것	은	
빼	놓	고		그		나	머	지	도		신	중	하	게
행	한	다	면		후	회	하	는		일	이		적	을
것	이	다	.											

🖌️ 눈을 감고 뜻을 음미한 뒤에 다시 한 번 써 보세요.

✏️ 느낀 점을 한 줄로 간단히 적어 보세요.

🖌️ 자주 사용하는 한자를 따라 써 보세요.

多	情	多	情	多	情									
見	聞	見	聞	見	聞									
行	人	行	人	行	人									

15 의로운 마음을 행동으로 옮겨라

見 義 不 爲 가
볼 **견** 의로울 **의** 아니 **불** 할 **위**

無 勇 也 니라
없을 **무** 굳셀 **용** 어조사 **야**

견의불위가
무용야니라

정의로운 일을 보고서도 하지 않고
주춤거리는 것은
그 사람이 용기가 없는 탓이다. 위정 24

이해의 디딤돌

'강약약강'이란 신조어를 들어 보았나요? '강한 자에겐 약하고 약한 자에겐 강한 기회주의자'를 비아냥거릴 때 쓰는 말입니다. 정의로운 일로 용기를 내야 할 때에는 대체로 윗사람과 부딪쳐야 할 때가 많지요. 그럴 때 용기를 내지 못하고 정작 자기보다 약한 사람에게 정의를 잣대로 핏대를 올리는 사람이 참 많습니다. 한편 '의'를 '정의로운 일'로 해석했지만 '당연히 해야 할 일'로 해석할 수도 있어요. 지금 해야 할 일이 있다면 당장 해치워 버리세요. 그럼 여러분은 용맹한 사람이 되는 겁니다.

관련 어휘 풀이

의무(義務) : 옳을 의, 일 무. 마땅히 해야 할 옳은[義] 일[務].
무효(無效) : 없을 무, 효과 효. 효력[效]이 없음[無].
용기(勇氣) : 굳셀 용, 기운 기. 굳센[勇] 기운[氣].

✏️ 한 글자 한 글자씩 천천히 써 보세요.

정	의	로	운		일	을		보	고	서	도		하	지
않	고		주	춤	거	리	는		것	은		그		사
람	이		용	기	가		없	는		탓	이	다	.	

🖌️ 눈을 감고 뜻을 음미한 뒤에 다시 한 번 써 보세요.

✏️ 느낀 점을 한 줄로 간단히 적어 보세요.

🖌️ 자주 사용하는 한자를 따라 써 보세요.

義	務	義	務	義	務						
無	效	無	效	無	效						
勇	氣	勇	氣	勇	氣						

기초부터 다져라

繪 事 後 素 니라
그릴 **회**　　일 **사**　　뒤에할 **후**　　흴 **소**

회사후소니라

그림 그리는 일은 흰 바탕을
마련한 뒤에 한다. 팔일 8

이해의 디딤돌

종이가 발명되기 전에는 벽이나 나무판에 그림을 그렸어요. 그림을 그리려면 먼저 흰 바탕을 마련한 뒤에 색칠을 해야 했지요. '회사후소'는 이를 설명한 말이에요. 그림을 그릴 때 흰 바탕을 준비한 뒤에 물감으로 채색하듯이 사람도 바른 인품을 갖춘 뒤에 글재주든 말재주든 재능을 더해야 한다는 의미입니다. 이 순서가 거꾸로 되면 쌓아 둔 업적이 무너지는 것은 한순간입니다.

관련 어휘 풀이

회화(繪畵) : 그림 회, 그림 화. 선이나 색채로 형상을 그려 내는[繪=畵] 조형 미술.
후식(後食) : 뒤 후, 음식 식. 식사 뒤[後]에 먹는 음식[食].
소재(素材) : 바탕 소, 재료 재. 어떤 것을 만드는 데 바탕[素]이 되는 재료[材].

그	림		그	리	는		일	은		흰		바	탕	을
마	련	한		뒤	에		한	다	.					

🖌️ 눈을 감고 뜻을 음미한 뒤에 다시 한 번 써 보세요.

✏️ 느낀 점을 한 줄로 간단히 적어 보세요.

🖌️ 자주 사용하는 한자를 따라 써 보세요.

繪	畫	繪	畫	繪	畫									
後	食	後	食	後	食									
素	材	素	材	素	材									

51

내 이익만 좇지 마라

放 於 利 而 行 이면

의지할 **방**　어조사 **어**　이익 **리**　말 이을 **이**　행할 **행**

多 怨 이니라

많을 **다**　원망할 **원**

방어리이행이면
다원이니라

**자기 이익만을 좇아서 행동하면
남의 원망을 많이 사게 된다.** 이인 12

**이해의
디딤돌**

어른들이 보는 신문에 '제로섬(zero-sum)'이란 단어가 가끔 나와요. 여러 사람이 서로 영향을 받는 상황에서 모든 이득의 총합이 항상 제로가 되는 상태를 말해요. 예를 들어 나의 이익이 하나면 상대방의 손해도 하나라서 이를 합하면 제로가 된다는 거지요. 나의 이익은 누군가의 손해, 누군가의 이익은 나의 손해를 불러온다는 의미이죠. 사람 사이의 관계가 꼭 '제로섬'은 아닐 테지요. 다만 나의 이익이 누군가의 손해로 생긴 것은 아닌지는 살펴야 합니다.

**관련
어휘
풀이**

방학(放學) : 놓을 방, 배울 학. 일정 기간 학업[學]을 잠시 놓음[放].
이해(利害) : 이로울 리, 해칠 해. 이로움[利]과 해로움[害].
원수(怨讎) : 미워할 원, 원수 수. 원한[怨]이 맺힐 정도로 자기에게 해를 끼친 사람[讎].

✏️ 한 글자 한 글자씩 천천히 써 보세요.

자	기		이	익	만	을		좇	아	서		행	동	하
면		남	의		원	망	을		많	이		사	게	
된	다	.												

🖌️ 눈을 감고 뜻을 음미한 뒤에 다시 한 번 써 보세요.

✏️ 느낀 점을 한 줄로 간단히 적어 보세요.

🖌️ 자주 사용하는 한자를 따라 써 보세요.

放	學	放	學	放	學				
利	害	利	害	利	害				
怨	讐	怨	讐	怨	讐				

53

3강

태도의 힘

18 자신의 능력부터 길러라

不 患 無 位 요
아니 **불**　근심할 **환**　없을 **무**　지위 **위**

患 所 以 立 하라
근심할 **환**　바 **소**　써 **이**　설 **립**

불환무위요
환소이립하라

지위가 없음을 걱정하지 말고
그 자리에 올라가서 그 일을 제대로 해낼
능력을 갖추었는지를 걱정하라. 이인 14

이해의 디딤돌

어떤 지위에 올라가는 것과 그 자리에 올라가 책임에 걸맞은 능력을 발휘하는 것 중 어느 쪽이 더 중요할까요? 당연히 후자겠지요. 욕심 때문에 일단 그 자리에 올라가고 보자는 이도 있지만 그게 바른길은 아닙니다. 이를테면 학급 회장 선거에 두 후보가 나왔다고 해 볼까요? 달콤한 공약으로 우선 당선만 되고 보자는 친구보다는 그 자리에 올라 제대로 일할 수 있을지를 고민하는 친구가 더 정직하고 믿음직한 후보일 거예요.

관련 어휘 풀이

위치(位置) : 자리 위, 둘 치. 일정한 곳에 자리[位]를 둠[置].
설립(設立) : 세울 설, 설 립. 기관이나 조직체 따위를 만들어[設] 세움[立].

✏️ 한 글자 한 글자씩 천천히 써 보세요.

지	위	가		없	음	을		걱	정	하	지		말	고
그		자	리	에		올	라	가	서		그		일	을
제	대	로		해	낼		능	력	을		갖	추	었	는
지	를		걱	정	하	라	.							

🖌️ 눈을 감고 뜻을 음미한 뒤에 다시 한 번 써 보세요.

✏️ 느낀 점을 한 줄로 간단히 적어 보세요.

🖌️ 자주 사용하는 한자를 따라 써 보세요.

位	置	位	置	位	置						
設	立	設	立	設	立						

지금보다 나아지려고 애써라

論語

見 賢 思 齊 焉 하고
볼 **견**　어질 **현**　생각할 **사**　같을 **제**　어조사 **언**

見 不 賢 而 內 自 省 也 니라
볼 **견**　아니 **불**　어질 **현**　말 이을 **이**　안 **내**　스스로 **자**　살필 **성**　어조사 **야**

견현사제언하고
견불현이
내자성야니라

어진 사람을 보면 그와 같아질 것을 생각하고, 어질지 못한 사람을 보면 속으로 자신을 반성해야 한다. 이인 17

이해의 디딤돌

자신보다 재능도 낮고 인품도 갖춘 이를 만나면 질투나 험담부터 하는 사람이 있어요. 마치 어떻게든 그 사람을 깎아내려야 자신이 올라간다는 듯이요. 남의 장점을 본받으려는 긍정적인 질투심이 아니라 남의 장점을 못마땅해하는 부정적 질투심은 본인의 퇴보를 초래할 뿐입니다. 나보다 조금이라도 나은 점이 있는 사람이라면 본받을 점부터 찾아보세요. 나보다 못한 사람이 보이면 형편없다고 손가락질하기보다는 혹시 내게는 그 사람의 나쁜 점이 없는지를 돌이켜 보세요.

관련 어휘 풀이

내외(內外) : 안 내, 밖 외. 안[內]과 밖[外].
자의(自意) : 스스로 자, 뜻 의. 자기[自]의 생각[意].
성찰(省察) : 살필 성, 살필 찰. 자기의 마음을 반성[省]하고 살핌[察].

✏️ 한 글자 한 글자씩 천천히 써 보세요.

어	진		사	람	을		보	면		그	와		같	아
질			것	을		생	각	하	고	,	어	질	지		못
한			사	람	을		보	면		속	으	로		자	신
을			반	성	해	야		한	다	.					

🖌️ 눈을 감고 뜻을 음미한 뒤에 다시 한 번 써 보세요.

✏️ 느낀 점을 한 줄로 간단히 적어 보세요.

🖌️ 자주 사용하는 한자를 따라 써 보세요.

內	外	內	外	內	外				
自	意	自	意	自	意				
省	察	省	察	省	察				

20 부모의 나이를 기억해라

父 母 之 年 은
아버지 **부** 어머니 **모** 어조사 **지** 나이 **년**

不 可 不 知 也 니
아니 **불** 가할 **가** 아니 **부** 알 **지** 어조사 **야**

一 則 以 喜 요
한 **일** 곧 **즉** 써 **이** 기쁠 **희**

一 則 以 懼 니라
한 **일** 곧 **즉** 써 **이** 두려워할 **구**

> 부모지년은 불가부지야니 일즉이희요 일즉이구니라

부모의 나이를 몰라서는 안 된다. 한편으로는 오래 사신 것이 기쁘지만 한편으로는 자꾸만 늙어 가시는 것이 두렵다. 이인 21

이해의 디딤돌

시간이 지날수록 문득문득 머릿속을 맴도는 구절 중 하나입니다. 좋아하는 연예인의 생년월일은 아주 잘 알면서도 아빠, 엄마, 할아버지, 할머니의 생신이나 연세는 모르는 경우가 많습니다. 나중에 어른이 되어 이 구절을 읽으면 찡한 울림이 있을 겁니다. 자신에게 정성을 쏟아 온 가족부터 챙기는 것이 순서라고 생각합니다. 이런 순서를 잘 지키는 사람이 자기가 좋아하는 일도 차근차근 열심히 하리라 믿습니다.

관련 어휘 풀이

연세(年歲) : 나이 년, 나이 세. 나이[年=歲]의 높임말.
일가(一家) : 한 일, 집 가. 한[一] 집안[家].
희색(喜色) : 기쁠 희, 빛 색. 기뻐하는[喜] 얼굴빛[色].

✏️ 한 글자 한 글자씩 천천히 써 보세요.

부	모	의		나	이	를		몰	라	서	는		안	
된	다	.		한	편	으	로	는			오	래		사	신
것	이		기	쁘	지	만		한	편	으	로	는		자
꾸	만		늙	어		가	시	는		것	이		두	렵
다	.													

🖌️ 눈을 감고 뜻을 음미한 뒤에 다시 한 번 써 보세요.

✏️ 느낀 점을 한 줄로 간단히 적어 보세요.

🖌️ 자주 사용하는 한자를 따라 써 보세요.

年	歲	年	歲	年	歲				
一	家	一	家	一	家				
喜	色	喜	色	喜	色				

21 말보다 실천을 먼저 생각해라

論語

言 之 不 出 은
말씀 **언**　어조사 **지**　아니 **불**　날 **출**

恥 躬 之 不 逮 也 니라
부끄러울 **치**　몸 **궁**　어조사 **지**　아니 **불**　미칠 **체**　어조사 **야**

> 언지불출은
> **치궁지불체야**니라

**말을 함부로 하지 않는 것은
실천이 말을 따라가지 못할까
부끄러워하기 때문이다.** 이인 22

**이해의
디딤돌**

말을 함부로 하는 사람과 말을 함부로 하지 않는 사람의 차이는 무엇일까요? 바로 '그 말을 실천할 의지가 있느냐 없느냐.'에 달려 있습니다. 말을 무책임하게 지껄이는 사람은 행동으로 옮길 생각이 전혀 없는 거예요. 반면에 말을 신중하게 하는 사람은 말을 행동으로 옮기기가 어렵다는 것을 알고 있습니다. 실천이 말을 따라가지 못함을 부끄러워할 줄 아는 사람은 아름다운 사람입니다.

**관련
어휘
풀이**

출발(出發) : 나설 출, 떠날 발. 어떤 곳을 나서서[出] 목적지를 향해 떠남[發].
치욕(恥辱) : 부끄러울 치, 욕될 욕. 부끄럽고[恥] 욕됨[辱].

✏️ 한 글자 한 글자씩 천천히 써 보세요.

말	을		함	부	로		하	지		않	는		것	은
실	천	이		말	을		따	라	가	지		못	할	까
부	끄	러	워	하	기		때	문	이	다	.			

🖌️ 눈을 감고 뜻을 음미한 뒤에 다시 한 번 써 보세요.

✏️ 느낀 점을 한 줄로 간단히 적어 보세요.

🖌️ 자주 사용하는 한자를 따라 써 보세요.

出	發	出	發	出	發									
恥	辱	恥	辱	恥	辱									

22 말은 느린 듯이 행동은 빠른 듯이 해라

君 子 는
임금 군 아들 자

欲 訥 於 言 而 敏 於 行 이니라
하고자 할 욕 말더듬을 눌 어조사 어 말씀 언 말 이을 이 재빠를 민 어조사 어 행할 행

군자는
욕눌어언
이민어행이니라

군자는 말은 조심스럽게 하고
행동은 재빨리 하고자 한다. 이인 24

이해의 디딤돌

공자가 말을 함부로 내뱉지 말라고 여러 번 강조하는 까닭은 그만큼 말이 모든 안 좋은 일을 일으키는 화근이기 때문입니다. '조심스럽게'라고 옮긴 '눌(訥)'이란 글자는 말을 더듬는다는 뜻입니다. 말더듬이가 말을 더듬듯이 말이 입 밖으로 쉽게 줄줄 나오지 않도록 주의하라는 말씀이지요. 반면에 행동은 굼떠서는 안 되고 빨라야 합니다. 느리게 해야 하는 일과 빠르게 해야 하는 일을 잘 구분해야 합니다.

관련 어휘 풀이

욕심(欲心) : 하고자 할 욕, 마음 심. 무엇을 하고자 하는[欲] 마음[心].
눌변(訥辯) : 말 더듬을 눌, 말 잘할 변. 더듬거리는 서툰[訥] 말솜씨[辯].

✏️ 한 글자 한 글자씩 천천히 써 보세요.

군	자	는		말	은		조	심	스	럽	게		하	고
행	동	은		재	빨	리		하	고	자		한	다	.

🖌️ 눈을 감고 뜻을 음미한 뒤에 다시 한 번 써 보세요.

✏️ 느낀 점을 한 줄로 간단히 적어 보세요.

🖌️ 자주 사용하는 한자를 따라 써 보세요.

欲	心	欲	心	欲	心		
訥	辯	訥	辯	訥	辯		

65

23 벗이 생기기를 기다려라

德 不 孤 니
덕 덕   아니 불   외로울 고

必 有 隣 이니라
반드시 필   있을 유   이웃 린

덕불고니
필유린이니라

덕이 있는 사람은 외롭지 않고,
반드시 이웃이 있게 마련이다. 이인 25

이해의 디딤돌

마음이 바르고 단단하며 행실이 미덥고 묵직한 사람은 언젠가는 뜻을 같이하는 친구가 생긴다는 뜻이에요. 그러니 우선은 자신의 내면부터 가꾸어야 합니다. 이를 소홀히 하고 이곳저곳 기웃거리며 시간을 허비하는 건 참 안타까운 일이죠. 지금 당장 심심하다고 해서 내 마음에 내키지도 않는 친구와 휩쓸려 돌아다니지 마세요. 조바심을 내지 않아도 때가 되면 마음 맞는 친구가 나타날 거니까요.

관련 어휘 풀이

덕성(德性) : 베풀 덕, 성품 성. 어질고 너그러운[德] 성품[性].
필승(必勝) : 반드시 필, 이길 승. 반드시[必] 이김[勝].
유한(有限) : 있을 유, 끝 한. 끝[限]이 있음[有].

덕	이		있	는		사	람	은		외	롭	지		않
고	,	반	드	시		이	웃	이		있	게		마	련
이	다	.												

✏️ 눈을 감고 뜻을 음미한 뒤에 다시 한 번 써 보세요.

✏️ 느낀 점을 한 줄로 간단히 적어 보세요.

✏️ 자주 사용하는 한자를 따라 써 보세요.

德	性	德	性	德	性			
必	勝	必	勝	必	勝			
有	限	有	限	有	限			

朽 木 은
썩을 후　나무 목

不 可 雕 也 니라
아니 불　가할 가　새길 조　어조사 야

> 후목은
> **불가조야**니라

썩은 나무에는 새길 수가 없다. 공야장 9

TV 프로그램 중「불후의 명곡」이 있지요. 거기의 불후가 여기의 불후입니다. 불후는 썩지 않고 영원하다는 뜻입니다. 공자가 낮에도 빈둥거리는 제자를 나무라며 한 말씀입니다. 훌륭한 조각품을 만들려면 우선 단단하고 아름다운 재료인 나무가 있어야겠죠. 그런데 그 나무가 이미 썩어 있으면 조각을 할 수가 없을 테지요. 조각할 때 적절한 재목이 있어야 하듯이 사람이 뭔가를 배울 때의 바탕은 성실함입니다.

관련 어휘 풀이

불후(不朽) : 아니 불, 썩을 후. 썩지[朽] 아니함[不].

목조(木造) : 나무 목, 만들 조. 나무[木]로 만듦[造].

가부(可否) : 옳을 가, 아니 부. 옳음(혹은 찬성)[可]과 그름(혹은 반대)[否].

✏️ 한 글자 한 글자씩 천천히 써 보세요.

썩	은		나	무	에	는		새	길		수	가		없
다	.													

🖌️ 눈을 감고 뜻을 음미한 뒤에 다시 한 번 써 보세요.

✏️ 느낀 점을 한 줄로 간단히 적어 보세요.

🖌️ 자주 사용하는 한자를 따라 써 보세요.

不	朽	不	朽	不	朽									
木	造	木	造	木	造									
可	否	可	否	可	否									

실천에 집중해라

子 路는 有 聞하고
아들 **자** 길 **로**　　있을 **유** 들을 **문**

未 之 能 行이면
아닐 **미** 어조사 **지** 능할 **능** 행할 **행**

唯 恐 有 聞하더라
오직 **유** 두려워할 **공** 있을 **유** 들을 **문**

자로는 **유문**하고
미지능행이면
유공유문하더라

**자로는 가르침을 듣고 그것을 충분히
실행하지 못한 채로 또 다른 가르침을
듣게 될까 두려워했다.** 공야장 13

**이해의
디딤돌**

자로는 공자의 제자 중에서도 용감하게 실천하는 면이 뛰어난 제자입니다. 그런 자로가 이전에 들은 중요한 가르침을 아직 제대로 실천하지 못한 상태에서 또 다른 가르침을 들었어요. 보통 사람 같으면 '아! 예전에 훌륭한 말씀을 들었지. 근데 또 다른 훌륭한 가르침을 들었네. 언젠가는 이것도 실천해야지.'라고 생각하지 않을까요? 그런데 자로는 또 다른 가르침을 듣게 될까 봐 '두려워했다'고 합니다. 실천에 무서울 정도로 집요한 사람이지요. 도를 닦는 사람이 정진할 때는 스승에게도 예의를 차리지 않는다는 말도 있습니다.

**관련
어휘
풀이**

미완(未完) : 아닐 미, 완전할 완. 아직 덜[未] 됨[完].
능력(能力) : 해낼 능, 힘 력. 어떤 일을 해낼[能] 힘[力].
공포(恐怖) : 두려워할 공, 무서워할 포. 두렵고[恐] 무서움[怖].

자	로	는		가	르	침	을		듣	고		그	것	을
충	분	히		실	행	하	지		못	한		채	로	
또		다	른		가	르	침	을		듣	게		될	까
두	려	워	했	다	.									

🖌️ 눈을 감고 뜻을 음미한 뒤에 다시 한 번 써 보세요.

✏️ 느낀 점을 한 줄로 간단히 적어 보세요.

🖌️ 자주 사용하는 한자를 따라 써 보세요.

未	完	未	完	未	完						
能	力	能	力	能	力						
恐	怖	恐	怖	恐	怖						

26 똑똑해도 배우기를 좋아해라

論語

敏 而 好 學 하고

영리할 **민**   말 이을 **이**   좋아할 **호**   배울 **학**

不 恥 下 問 하다

아니 **불**   부끄러울 **치**   아래 **하**   물을 **문**

민이호학하고
불치하문하다

명민하지만 배우기를 좋아하고
아랫사람에게 묻는 것을
부끄러워하지 않았다. 공야장 14

**이해의
디딤돌**

공자가 공문자라는 사람을 칭찬한 말씀입니다. 스스로 똑똑하다고 생각하는 사람은 배우기를 게을리합니다. 보통 사람은 자신보다 나이가 어리거나 지위가 낮은 사람에게 묻는 것을 부끄러워하지요. 그런데 공문자는 명민하여 사물의 원리나 현상을 잘 이해하면서도 기존의 지식에 안주하지 않고 새로운 지식을 습득하기 위해 노력했습니다. 게다가 모르는 것이 있으면 자신보다 지위가 낮아도 물었습니다. 그래서 공자가 그를 이 여덟 글자로 칭찬했습니다. '불치하문'은 흔히 쓰는 사자성어이니 알아두면 좋아요.

**관련
어휘
풀이**

호기심(好奇心) : 좋아할 호, 낯설 기, 마음 심. 낯선[奇] 것을 좋아하는[好] 마음[心].
하강(下降) : 아래 하, 내려갈 강. 낮은[下] 데로 내려감[降].
문답(問答) : 물을 문, 답할 답. 물음[問]과 대답[答].

명	민	하	지	만		배	우	기	를		좋	아	하	고
아	랫	사	람	에	게		묻	는		것	을		부	끄
러	워	하	지		않	았	다	.						

🖌️ 눈을 감고 뜻을 음미한 뒤에 다시 한 번 써 보세요.

✏️ 느낀 점을 한 줄로 간단히 적어 보세요.

🖌️ 자주 사용하는 한자를 따라 써 보세요.

好	奇	心	好	奇	心	好	奇	心				
下	降	下	降	下	降							
問	答	問	答	問	答							

4강

사귐의 힘

27 가까운 사이에도 공경을 오래 유지해라

晏 平 仲 은 善 與 人 交 로다
편안할 **안**　평평할 **평**　버금 **중**　　잘할 **선**　더불 **여**　사람 **인**　사귈 **교**

久 而 敬 之 하다
오래될 **구**　말 이을 **이**　공경할 **경**　어조사 **지**

> 안평중은
> 선여인교로다
> 구이경지하다

**안평중은 사람들과 사귀기를 잘했다.
오래된 사이라도 서로 공경했다.** 공야장 16

이해의 디딤돌

오랫동안 사귀다 보면 허물이 없어지고, 그러다 보면 서로 간섭하지 말아야 할 부분까지 참견하기 십상이에요. 충고라는 이름으로 함부로 트집을 잡을 때도 생기지요. 그러면 서로 힘들어져 피하다 관계가 깨질 수 있어요. 정말 잘 사귀는 사람들은 상대방을 존중하고 배려하면서 늘 공경하는 마음으로 조심스레 대합니다. 그래야 튼실하고 오래가는 관계가 되지요. 특히 가까운 사이일수록 조심해야 합니다. 친구 사이에도 넘지 말아야 할 사귐의 선이 있습니다.

관련 어휘 풀이

평등(平等) : 고를 평, 가지런할 등. 권리, 의무 등이 차별 없이 고르고[平] 한결같음[等].
선행(善行) : 착할 선, 행할 행. 착한[善] 행동[行].
교역(交易) : 서로 교, 바꿀 역. 물건을 사고팔고 하여 서로[交] 바꿈[易].

안	평	중	은		사	람	들	과		사	귀	기	를	
잘	했	다	.		오	래	된			사	이	라	도		서	로
공	경	했	다	.										

🖌️ 눈을 감고 뜻을 음미한 뒤에 다시 한 번 써 보세요.

✏️ 느낀 점을 한 줄로 간단히 적어 보세요.

🖌️ 자주 사용하는 한자를 따라 써 보세요.

平	等	平	等	平	等						
善	行	善	行	善	行						
交	易	交	易	交	易						

다른 사람에게 화풀이하지 마라

不 遷 怒 하고
아니 **불**　옮길 **천**　성낼 **로**

不 貳 過 하다
아니 **불**　둘 **이**　허물 **과**

> 불천로하고
> 불이과하다

노여움을 남에게 옮기지 않고
같은 잘못을 되풀이하지 않았다. 옹야 2

이해의 디딤돌

공자가 자신이 가장 사랑하던 제자 안회를 두고 평가한 말씀입니다. 이 말 바로 앞에 '배우기를 좋아함[好學]'이란 말이 있어요. 배우기를 좋아하는 마음이어야 위 구절처럼 행동할 수 있습니다. 안회의 배움이 배움 그 자체가 아니라 실천에 목적이 있었음을 증명하는 구절입니다. 엄마한테 화가 났는데 애꿎은 아빠한테 화를 낸 적이 없나요? 그 반대는요? A라는 친구 때문에 화가 났는데 괜히 B라는 친구에게 분풀이한 적은 없나요? 다른 사람에게 화풀이하지 않는 것은 어렵고 힘든 일이에요. 같은 잘못을 되풀이하지 않으려고 노력하는 자세도 중요하고요.

관련 어휘 풀이

분노(忿怒) : 성낼 분, 성낼 노. 분(忿)하여 몹시 성을 냄[怒].
과거(過去) : 지날 과, 갈 거. 지나[過] 감[去].

✏️ 한 글자 한 글자씩 천천히 써 보세요.

노	여	움	을		남	에	게		옮	기	지		않	고
같	은		잘	못	을		되	풀	이	하	지		않	았
다	.													

🖌️ 눈을 감고 뜻을 음미한 뒤에 다시 한 번 써 보세요.

✏️ 느낀 점을 한 줄로 간단히 적어 보세요.

🖌️ 자주 사용하는 한자를 따라 써 보세요.

忿	怒	忿	怒	忿	怒				
過	去	過	去	過	去				

29 해보지도 않고 포기하지 마라

力 不 足 者 는
힘 **력**　아니 **부**　충분할 **족**　사람 **자**

中 道 而 廢 하나니
가운데 **중**　길 **도**　말 이을 **이**　그만둘 **폐**

今 女 畫 이로다
이제 **금**　너 **여**　그을 **획**

역부족자는
중도이폐하나니
금여획이로다

**힘이 모자라는 사람은 해 보다가 중도에서 그만두는데,
지금 너는 해 보지도 않고 스스로 한계를 짓고 있다.** 옹야10

**이해의
디딤돌**

끝까지 해낼 능력이 부족하다는 제자의 하소연에 답한 공자의 말씀입니다. 어떤 일을 처음부터 잘하는 사람은 없어요. 잘하고 못하고를 떠나 일단 그 일을 끝까지 해내려는 자세가 중요합니다. 물론 쉬운 일은 아닙니다. 그런데 힘들까 봐 아예 시도조차 하지 않는다면 정말 곤란하겠죠. 포기해야 할 핑계거리를 찾자면 백 가지도 넘을 거예요. 그럴 때에는 계속해야 할 단 한 가지 이유에 집중해 보세요. 그러다 보면 어느새 목적지에 도달해 있을 겁니다.

**관련
어휘
풀이**

수족(手足) : 손 수, 발 족. 손[手]과 발[足].
도로(道路) : 길 도, 길 로. 사람이나 차가 잘 다니도록 만들어 놓은 비교적 넓은 길[道=路].
금년(今年) : 지금 금, 해 년. 지금[今] 지나가고 있는 이해[年].

힘	이		모	자	라	는		사	람	은		해		보
다	가		중	도	에	서		그	만	두	는	데	,	지
금		너	는		해		보	지	도		않	고		스
스	로		한	계	를		짓	고		있	다	.		

🖌️ 눈을 감고 뜻을 음미한 뒤에 다시 한 번 써 보세요.

✏️ 느낀 점을 한 줄로 간단히 적어 보세요.

🖌️ 자주 사용하는 한자를 따라 써 보세요.

手	足	手	足	手	足						
道	路	道	路	道	路						
今	年	今	年	今	年						

30 정직을 삶의 원칙으로 삼아라

人 之 生 也 直 하니
사람 **인** 어조사 **지** 날 **생** 어조사 **야** 곧을 **직**

罔 之 生 也 는
없을 **망** 어조사 **지** 날 **생** 어조사 **야**

幸 而 免 이니라
요행 **행** 말 이을 **이** 면할 **면**

인지생야직하니
망지생야는
행이면이니라

사람이 살아갈 수 있는 까닭은 정직함 때문이니,
지금 정직함이 없는데도 살아가고 있는 것은
요행으로 화를 면하고 있는 상태일 뿐이다. 옹야 17

**이해의
디딤돌**

요즘 TV에 나오는 유명한 맛집 소개 프로그램을 보면 공통점이 하나 있어요. 바로 가게 주인이 정직하다는 것입니다. 항상 좋은 재료, 정성 깃든 조리, 반가운 표정, 청결함을 유지합니다. 적당히 손님을 속여서 요행으로 돈을 벌지 않아요. 질이 떨어지는 재료로 겉으로 근사하게 포장하여 손님을 눈속임하면 잠시는 주목받을지 몰라도 반드시 들통이 납니다. 그러나 정직은 오래갑니다.

**관련
어휘
풀이**

생사(生死) : 날 생, 죽을 사. 태어나고[生] 죽음[死].
직선(直線) : 곧을 직, 줄 선. 곧은[直] 선[線].
행운(幸運) : 다행 행, 운수 운. 좋은[幸] 운수[運].

사	람	이		살	아	갈		수		있	는			까	닭
은		정	직	함		때	문	이	니	,	지	금		정	
직	함	이		없	는	데	도		살	아	가	고		있	
는		것	은		요	행	으	로		화	를		면	하	
고		있	는		상	태	일		뿐	이	다	.			

🖌️ 눈을 감고 뜻을 음미한 뒤에 다시 한 번 써 보세요.

✏️ 느낀 점을 한 줄로 간단히 적어 보세요.

🖌️ 자주 사용하는 한자를 따라 써 보세요.

生	死	生	死	生	死								
直	線	直	線	直	線								
幸	運	幸	運	幸	運								

즐기는 단계까지 도달해라

知 之 者 는 不 如 好 之 者 요
알 지 어조사 지 것 자 아니 불 같을 여 좋아할 호 어조사 지 것 자

好 之 者 는 不 如 樂 之 者 니라
좋아할 호 어조사 지 것 자 아니 불 같을 여 즐거울 락 어조사 지 것 자

**무언가를 아는 것은
좋아하는 것만은 못하고,
무언가를 좋아하는 것은
즐기는 것만은 못하다.** 옹야 18

지지자는
불여호지자요
호지자는
불여락지자니라

이해의 디딤돌

'무언가'에 아무거나 넣어도 통하는 진리입니다. 피아노 연주를 예로 들어볼까요? '엄마 아빠가 권해서', '피아노 치는 것이 멋져 보여서' 등의 이유로 피아노 연주가 필요함을 아는 단계가 있어요. 아는 단계에 머물면 연습을 자발적으로 하지 않을 수 있지요. 그런데 피아노 연주를 좋아하는 단계에 오면 누가 시키지 않아도 연습을 자주 할 겁니다. 한 걸음 더 나아가 피아노 연주를 즐기는 단계까지 오면 엄마 아빠가 그만 치라고 말려도 칠 겁니다. 자신이 즐거운 일은 누가 뭐라 해도 못 말립니다. 그러니 잘할 수밖에 없지요.

관련 어휘 풀이

저자(著者) : 지을 저, 사람 자. 글 따위를 짓는[著] 사람[者].

여의주(如意珠) : 같을 여, 뜻 의, 구슬 주. 무엇이든 뜻하는[意] 그대로[如] 만들어 낼 수 있는 구슬[珠].

낙관(樂觀) : 즐거울 락, 볼 관. 인생이나 사물을 밝고 희망적인[樂] 것으로 봄[觀].

무	언	가	를		아	는		것	은		좋	아	하	는
것	만	은		못	하	고	,	무	언	가	를		좋	아
하	는		것	은		즐	기	는		것	만	은		못
하	다	.												

🖌️ 눈을 감고 뜻을 음미한 뒤에 다시 한 번 써 보세요.

✏️ 느낀 점을 한 줄로 간단히 적어 보세요.

🖌️ 자주 사용하는 한자를 따라 써 보세요.

著	者	著	者	著	者					
如	意	珠	如	意	珠	如	意	珠		
樂	觀	樂	觀	樂	觀					

32 겸손하고 겸손해라

論語

德 之 不 修 와　學 之 不 講 과
덕 **덕**　어조사 **지**　아니 **불**　닦을 **수**　　배울 **학**　어조사 **지**　아니 **불**　익힐 **강**

聞 義 不 能 徙 하며
들을 **문**　의로울 **의**　아니 **불**　능할 **능**　옮길 **사**

不 善 不 能 改 가
아니 **불**　착할 **선**　아니 **불**　능할 **능**　고칠 **개**

是 吾 憂 也 니라
이 **시**　나 **오**　걱정 **우**　어조사 **야**

> 덕지불수와
> 학지불강과
> 문의불능사하며
> 불선불능개가
> 시오우야니라

덕을 제대로 닦지 못한 점, 배운 것을 제대로 익히지 못한 점,
옳은 일을 듣고도 제대로 실천하지 못한 점, 좋지 않은 것을
고치지 못한 점, 이것이 나의 걱정거리다. 술이 3

이해의 디딤돌

공자가 늘 했다는 걱정거리 네 가지입니다. 이 구절에서 공자의 인격은 겸손을 바탕으로 함을 알 수 있습니다. 또 걱정거리가 있다는 인간적인 모습에 친근감을 느낄 수도 있습니다. 걱정거리를 말했는데 오히려 본받을 만한 인격임이 더욱 드러났네요. 겸손은 남을 자기 쪽으로 끌어오는 힘이 셉니다.

관련 어휘 풀이

수신(修身) : 닦을 수, 몸 신. 마음과 몸[身]을 바르게 하도록 닦음[修].

강연(講演) : 익힐 강, 펼 연. 청중에게 강의[講] 내용을 알게 쉽게 설명함[演].

우울(憂鬱) : 근심할 우, 답답할 울. 근심하거나[憂] 답답해함[鬱].

덕	을		제	대	로		닦	지		못	한		점	,
배	운		것	을		제	대	로		익	히	지		못
한		점	,	옳	은		일	을		듣	고	도		제
대	로		실	천	하	지		못	한		점	,	좋	지
않	은		것	을		고	치	지		못	한		점	,
이	것	이		나	의		걱	정	거	리	다	.		

✏️ 느낀 점을 한 줄로 간단히 적어 보세요.

🖌️ 자주 사용하는 한자를 따라 써 보세요.

修	身	修	身	修	身						
講	演	講	演	講	演						
憂	鬱	憂	鬱	憂	鬱						

33 그냥 되는 일은 없다고 생각해라

論語

不 憤 이면 不 啓 하고
아니 **불** 분노할 **분**　　아니 **불** 열 **계**

不 悱 면 不 發 하니라
아니 **불** 표현하려 애쓸 **비**　　아니 **불** 펼 **발**

불분이면 **불계**하고
불비면 **불발**하니라

배우려고 애쓰지 않으면
가르쳐 주지 않고,
표현하려고 애태우지 않으면
알려 주지 않았다. 술이 8

이해의 디딤돌

계발(啓發)이란 단어가 여기에서 나왔어요. 공자의 교육철학에 따르면, 훌륭한 선생님은 학생에게 시시콜콜한 부분까지 모두 설명해 주는 사람이 아니라 핵심을 짚어 주되 학생 스스로 깨치도록 격려하고 기다려 주는 사람입니다. 배우려는 사람의 자발성이 1%도 없다면 교육은 무의미합니다. 세상 모든 일에 노력을 들이지 않고 공짜로 되는 일은 없는 법이니까요.

관련 어휘 풀이

불굴(不屈) : 아니 불, 굽힐 굴. 어려움에도 굽히지[屈] 아니함[不].
계발(啓發) : 열 계, 펼 발. 재능이나 사상 등을 일깨워주고[啓] 밝혀줌[發].

배	우	려	고		애	쓰	지		않	으	면		가	르
쳐		주	지		않	고	,	표	현	하	려	고		애
태	우	지		않	으	면		알	려		주	지		않
았	다	.												

🖌️ 눈을 감고 뜻을 음미한 뒤에 다시 한 번 써 보세요.

✏️ 느낀 점을 한 줄로 간단히 적어 보세요.

🖌️ 자주 사용하는 한자를 따라 써 보세요.

不	屈	不	屈	不	屈				
啓	發	啓	發	啓	發				

不 義 而 富 且 貴 는
아니 **불**　의로울 **의**　말 이을 **이**　부유할 **부**　또 **차**　귀할 **귀**

於 我 如 浮 雲 이니라
어조사 **어**　나 **아**　같을 **여**　뜰 **부**　구름 **운**

불의이부차귀는
어아여부운이니라

**의롭지 않으면서 부귀하게 되는 것은
나에게는 뜬구름과 같다.** 술이 15

이해의 디딤돌

애쓰지 않았는데도 운이 좋아 생기는 일이 간혹 있습니다. 예를 들어 정답을 잘 모르는데도 객관식으로 된 문제라서 맞춘 적이 있을 거예요. 일단 기분은 좋죠. 딱 거기서 멈추고, 다음에는 요행을 바라면 안 되지요. 아무런 대가를 치르지 않았는데도 엄청난 이익이 생긴다면, 마음이 흔들려 삶의 결정적 순간에 나쁜 판단을 내릴 수 있어요. 자기 힘으로 이루지 않은 일, 자기 노력으로 이루지 않은 일은 자신과 상관없는 일이니 거들떠보지 않을 힘을 길러야 해요.

관련 어휘 풀이

부귀(富貴) : 넉넉할 부, 귀할 귀. 재산이 많고[富] 사회적 지위가 높음[貴].

자아(自我) : 스스로 자, 나 아. 나[我] 자신[自].

운무(雲霧) : 구름 운, 안개 무. 구름[雲]과 안개[霧]를 아울러 이르는 말.

✏️ 한 글자 한 글자씩 천천히 써 보세요.

의	롭	지		않	으	면	서		부	귀	하	게		되
는		것	은		나	에	게	는		뜬	구	름	과	
같	다	.												

🖌️ 눈을 감고 뜻을 음미한 뒤에 다시 한 번 써 보세요.

✏️ 느낀 점을 한 줄로 간단히 적어 보세요.

🖌️ 자주 사용하는 한자를 따라 써 보세요.

富	貴	富	貴	富	貴				
自	我	自	我	自	我				
雲	霧	雲	霧	雲	霧				

35 몰입할 때에는 밥도 잊어라

論語

發 憤 忘 食 하다
일으킬 **발**　성낼 **분**　잊을 **망**　밥 **식**

발분망식하다

어떤 일에 정신을 쏟느라
밥 먹는 것도 잊었다. 술이 18

**이해의
디딤돌**

공자는 마음이 가는 어떤 일에 몰입했습니다. 시간이 흘러가는지도 모르게, 배고픈지도 모르게 무슨 일에 집중해 본 적이 있나요? 좋아하는 게임을 할 때에는 정말 시간이 빛보다 빠르게 지나가 버리죠. 게임 말고도 그런 일을 늘려 간다면 삶이 더 행복해질 거예요. 이런 경험을 많이 해 보는 것이 중요합니다. 이 책의 다른 부분에는 공자가 음악에 몰두하느라 세 달 동안 고기 맛을 잊었다는 대목도 나옵니다.

**관련
어휘
풀이**

발전(發展) : 일으킬 발, 펼 전. 일을 일으켜[發] 더 나은 방향으로 펼침[展].
망각(忘却) : 잊을 망, 물리칠 각. 어떤 사실을 잊어[忘] 버림[却].
식당(食堂) : 밥 식, 집 당. 건물 안에 밥[食]을 먹을 수 있게 시설을 갖춘 방[堂].

✏️ 한 글자 한 글자씩 천천히 써 보세요.

어	떤		일	에		정	신	을		쏟	느	라		밥
먹	는		것	도		잊	었	다	.					

🖌️ 눈을 감고 뜻을 음미한 뒤에 다시 한 번 써 보세요.

✏️ 느낀 점을 한 줄로 간단히 적어 보세요.

🖌️ 자주 사용하는 한자를 따라 써 보세요.

發	展	發	展	發	展					
忘	却	忘	却	忘	却					
食	堂	食	堂	食	堂					

93

36

누구에게든지 배울 마음을 내라

三人行에 必有我師焉이니
석 삼　사람 인　다닐 행　　반드시 필　있을 유　나 아　스승 사　어조사 언

擇其善者而從之요
가릴 택　그 기　착할 선　사람 자　말 이을 이　따를 종　어조사 지

其不善者而改之니라
그 기　아니 불　착할 선　사람 자　말 이을 이　고칠 개　어조사 지

삼인행에
필유아사언이니
택기선자이종지요
기불선자이개지니라

세 사람이 함께 길을 가면 반드시
그 가운데 나의 스승 될 만한 이가 있다.
그중에서 선한 사람을 가려 따르고,
선하지 못한 사람을 보면 스스로 반성해 고쳐야 한다. 술이 21

이해의 디딤돌

나를 포함해서 세 사람이 함께 길을 가고 있습니다. 한 사람은 나보다 낫기 때문에 배울 점이 있습니다. 그런데 다른 한 사람은 별 볼 일이 없어요. 보통 사람은 자신보다 못한 사람에겐 배울 점이 없다고 생각합니다. 여기서 한 발짝 더 나아가야 합니다. 나보다 못한 사람은 나에게 그렇게 행동하면 안 된다는 가르침을 줍니다. 그러니 나보다 나은 사람만 졸졸 따라다닐 일이 아니라 나보다 못한 사람에게도 배워야 합니다. 누구에게든지 배울 마음의 자세를 갖추는 게 중요합니다.

관련 어휘 풀이

사사(師事) : 스승 사, 섬길 사. 스승[師]으로 섬기며[事] 가르침을 받음.
택일(擇一) : 고를 택, 한 일. 여럿 중에 하나[一]만 고름[擇].
종속(從屬) : 따를 종, 붙을 속. 자주성이 없이 주가 되는 것에 딸려[從] 붙음[屬].

한 글자 한 글자씩 천천히 써 보고, 눈을 감고 뜻을 음미한 뒤에 다시 한 번 써 보세요.

세		사	람	이		함	께		길	을		가	면	
반	드	시		그		가	운	데		나	의		스	승
될		만	한		이	가		있	다	.		그	중	에	서
선	한		사	람	을		가	려		따	르	고	,	선
하	지		못	한		사	람	을		보	면		스	스
로		반	성	해		고	쳐	야		한	다	.		

느낀 점을 한 줄로 간단히 적어 보세요.

자주 사용하는 한자를 따라 써 보세요.

師	事	師	事	師	事			
擇	一	擇	一	擇	一			
從	屬	從	屬	從	屬			

95

37

걱정에 찌든 표정을 날려 버려라

君 子 는 坦 蕩 蕩 이요
임금 **군** 아들 **자**　　평평할 **탄** 넓을 **탕** 넓을 **탕**

小 人 은 長 戚 戚 이니라
작을 **소** 사람 **인**　　길 **장** 슬퍼할 **척** 슬퍼할 **척**

군자는 **탄탕탕**이요
소인은 **장척척**이니라

군자는 마음이 편하고 고요하며
소인은 늘 걱정에 찌들어 있다. 술이 36

**이해의
디딤돌**

"걱정한다고 걱정이 없어진다면 정말 걱정이 없겠네."라는 티베트 속담이 있어요. 걱정한다고 없어질 걱정이면 진짜 걱정거리는 아니겠지요. 그런 걱정이 아니라면 걱정한다고 걱정이 없어질 리는 없지요. 어떻게 하면 좋을까요? 군자라고 걱정이 없지는 않겠지요. 다른 즐거움으로 그 걱정을 누르고 있을 따름이지요. 이게 현명한 태도라고 생각합니다. 반면에 소인은 늘 얼굴에 걱정이 가득한 표정을 짓고 있어요. 그러면 오던 복도 나갈 겁니다. 걱정이 닥치지도 않았는데 지레 걱정부터 하는 태도는 갖지 말아야 해요.

**관련
어휘
풀이**

군신(君臣) : 임금 군, 신하 신. 임금[君]과 신하[臣].
장녀(長女) : 어른 장, 딸 녀. 맏[長] 딸[女].

군	자	는		마	음	이		편	하	고		고	요	하
며		소	인	은		늘		걱	정	에		찌	들	어
있	다	.												

🖌️ 눈을 감고 뜻을 음미한 뒤에 다시 한 번 써 보세요.

✏️ 느낀 점을 한 줄로 간단히 적어 보세요.

🖌️ 자주 사용하는 한자를 따라 써 보세요.

君	臣	君	臣	君	臣						
長	女	長	女	長	女						

5강

실천의 힘

38 교만하지 말고 인색하지도 마라

如 有 周 公 之 才 之 美 라도
만일 **여** 있을 **유** 두루 **주** 귀인 **공** 어조사 **지** 재주 **재** 어조사 **지** 아름다울 **미**

使 驕 且 吝 이면 其 餘 는
가령 **사** 교만할 **교** 또 **차** 인색할 **린** 그 **기** 나머지 **여**

不 足 觀 也 已 니라
아니 **부** 족할 **족** 볼 **관** 어조사 **야** 어조사 **이**

여유주공지재지미라도
사교차린이면 **기여**는
부족관야이니라

만일 주공과 같은 훌륭한 재능을 갖추고
있더라도 교만하고 인색하다면
그 나머지는 볼 필요도 없다. 태백 11

이해의 디딤돌

공부를 잘하지만 교만한 사람, 공부를 잘해도 교만하지 않은 사람 중에 누구와 친구하고 싶나요? 세상에 재주 있는 사람은 많습니다. 재주 있는 사람 중에 단연 돋보이는 사람은 재주가 있지만 그 재주를 과하게 내세우지 않는 사람입니다. 인색도 마찬가지입니다. 교만함과 인색함이 없는 인성이 바로 실력이고 경쟁력입니다.

관련 어휘 풀이

공동(公同) : 함께 공, 같을 동. 여럿이[公] 함께 함[同].
재능(才能) : 재주 재, 능할 능. 어떤 일을 하는 데 필요한 재주[才]와 능력[能].
미화(美化) : 아름다울 미, 될 화. 아름답게[美] 꾸밈[化].

✏️ 한 글자 한 글자씩 천천히 써 보세요.

만	일		주	공	과		같	은		훌	륭	한		재
능	을		갖	추	고		있	더	라	도		교	만	하
고		인	색	하	다	면		그		나	머	지	는	
볼		필	요	도		없	다	.						

🖌️ 눈을 감고 뜻을 음미한 뒤에 다시 한 번 써 보세요.

✏️ 느낀 점을 한 줄로 간단히 적어 보세요.

🖌️ 자주 사용하는 한자를 따라 써 보세요.

公	同	公	同	公	同									
才	能	才	能	才	能									
美	化	美	化	美	化									

三 年 學 에   不 至 於 穀 을
석 **삼** 해 **년** 배울 **학**   아니 **부** 이를 **지** 어조사 **어** 곡식 **곡**

不 易 得 也 니라
아니 **불** 쉬울 **이** 얻을 **득** 어조사 **야**

삼년학에
부지어곡을
불이득야니라

한 3년쯤 공부하고 나서 출세하는 쪽으로
가지 않는 사람을 얻기가 어렵다. 태백 12

이해의 디딤돌 급히 해서 좋은 일이 있고 안 좋은 일이 있지요. 여기서는 사람들의 조급함을 에둘러 비판하고 있습니다. 밥도 뜸이 들어야 하는 것처럼 3년 정도 공부해서는 부족하지요. 충분히 실력을 갖춘 다음에 세상에 나아가도 늦지 않아요. 그러니 조급한 마음을 잠깐 내려놓고 진정으로 준비가 되었는지를 성찰해 보아야 합니다. 준비가 충분해야 이룰 수 있으니까요.

관련 어휘 풀이 **지성**(至誠) : 지극할 지, 정성 성. 지극한[至] 정성[誠].
난이(難易) : 어려울 난, 쉬울 이. 어려움[難]과 쉬움[易].
득점(得點) : 얻을 득, 점 점. 시험이나 경기에서 점수[點]를 얻음[得]. 또는 그 얻은[得] 점수[點].

✏️ 한 글자 한 글자씩 천천히 써 보세요.

한		3	년	쯤		공	부	하	고		나	서		출
세	하	는		쪽	으	로		가	지		않	는		사
람	을		얻	기	가		어	렵	다	.				

🖌️ 눈을 감고 뜻을 음미한 뒤에 다시 한 번 써 보세요.

✏️ 느낀 점을 한 줄로 간단히 적어 보세요.

🖌️ 자주 사용하는 한자를 따라 써 보세요.

至	誠	至	誠	至	誠						
難	易	難	易	難	易						
得	點	得	點	得	點						

論語

學 如 不 及 이요
배울 **학**　같을 **여**　아니 **불**　미칠 **급**

猶 恐 失 之 니라
오히려 **유**　두려워할 **공**　잃을 **실**　어조사 **지**

학여불급이요
유공실지니라

배울 때는 마치 아무리 해도
목표에 도달하지 못할 것처럼 하며,
지금 도달한 지점도 오히려 잃어버릴까 봐
두려워하듯이 하라. 태백 17

이해의 디딤돌

뭔가를 배울 때 요점만 간추려 효율적으로 공부하기에 급급한 경우가 참 많지요. 학교에서는 "선생님 이거 시험에 나와요? 안 나와요?"라는 질문을 자주 들을 수 있어요. 그런데 시험에 나오든 안 나오든 중요한 문제가 있어요. '공부는 바보처럼 해야 한다.'라는 말은 겸손한 자세로 자만하지 말고 열심히 배우라는 뜻이지요. 또 배운 것은 기억 속에서 금방 사라지니까 지금 배워 알고 있는 것도 혹시 잊어버릴까 두려운 마음으로 시간이 날 때마다 반복해서 익혀야 한다는 뜻입니다. 이것이 '공부 도사가 되는 비결이 아닐까요.

관련 어휘 풀이

불급(不及) : 아니 불, 미칠 급. 목표에 미치지[及] 못함[不].
유예(猶豫) : 망설일 유, 망설일 예. 일을 결행하는 데 날짜나 시간을 미룸[猶=豫].
실수(失手) : 잃을 실, 손 수. 손[手]에서 놓침[失]. 즉 조심하지 아니하며 잘못함.

✏️ 한 글자 한 글자씩 천천히 써 보세요.

배	울		때	는		마	치		아	무	리		해	도
목	표	에		도	달	하	지		못	할		것	처	럼
하	며	,	지	금		도	달	한		지	점	도		오
히	려		잃	어	버	릴	까		봐		두	려	워	하
듯	이		하	라	.									

🖌️ 눈을 감고 뜻을 음미한 뒤에 다시 한 번 써 보세요.

✏️ 느낀 점을 한 줄로 간단히 적어 보세요.

🖌️ 자주 사용하는 한자를 따라 써 보세요.

不	及	不	及	不	及				
猶	豫	猶	豫	猶	豫				
失	手	失	手	失	手				

오직 지금 여기에 집중해라

譬 如 平 地 에　雖 覆 一 簣 나
비유할 **비**　같을 **여**　평평할 **평**　땅 **지**　　비록 **수**　뒤집어 부을 **복**　한 **일**　삼태기 **궤**

進 도 吾 往 也 니라
나아갈 **진**　　나 **오**　나아갈 **왕**　어조사 **야**

> 비여평지에
> 수복일궤나
> 진도 오왕야니라

평평한 땅에 흙을 부어 산을 만드는 것과 같으니
흙 한 삼태기를 부어 산을 만드는 일을
이제 막 시작했더라도
그건 나 자신이 진보한 것이다. 자한 18

이해의 디딤돌

위 구절의 바로 앞부분은 이렇습니다. "공부하는 것은 흙을 쌓아 산을 만드는 것과 같으니 거의 완성한 상태에서 흙 한 삼태기가 모자라는 데서 그만두더라도 내가 그만두는 것이다." 이건 퇴보입니다. 지금 이 순간에 내가 무얼 하고 있느냐가 중요합니다. 이제 막 흙 한 삼태기를 부었다면 지금 나는 진보하고 있는 것입니다.

관련 어휘 풀이

평야(平野) : 평평할 평, 들 야. 평평하고[平] 넓은 들[野].
왕래(往來) : 갈 왕, 올 래. 가고[往] 옴[來].

평	평	한		땅	에		흙	을		부	어		산	을
만	드	는		것	과		같	으	니		흙		한	
삼	태	기	를		부	어		산	을		만	드	는	
일	을		이	제		막		시	작	했	더	라	도	
그	건		나		자	신	이		진	보	한		것	이
다	.													

느낀 점을 한 줄로 간단히 적어 보세요.

자주 사용하는 한자를 따라 써 보세요.

平	野	平	野	平	野						
往	來	往	來	往	來						

107

42 소나무와 잣나무처럼 꿋꿋해라

論語

歲 寒 然 後 에
해 **세** 차가울 **한** 그러할 **연** 뒤 **후**

知 松 柏 之 後 彫 也 니라
알 **지** 소나무 **송** 잣나무 **백** 어조사 **지** 뒤 **후** 시들 **조** 어조사 **야**

세한연후에
지송백지후조야니라

날씨가 추워져 겨울이 된 뒤에야
소나무와 잣나무가 나중에 시든다는 것을
알 수 있다. 자한 27

**이해의
디딤돌**

그 유명한 추사 김정희의 「세한도(歲寒圖)」는 여기에서 따온 이름입니다. 세한도는 김정희가 세상에 버림받고 제주도로 유배 온 자신을 잊지 않고 청나라에서 구한 귀한 책을 보내 준 역관 이상적의 후의에 답례로 보내 준 그림입니다. 소나무와 잣나무가 사계절 푸름을 유지하는 것처럼 진짜 우정은 역경이 찾아왔을 때 확인할 수 있음을 표현한 것이지요.

**관련
어휘
풀이**

한식(寒食) : 찰 한, 먹을 식. 차가운[寒] 밥을 먹는[食] 풍습이 있는 절기.
자연(自然) : 스스로 자, 그러할 연. 스스로[自] 그러함[然].
송이(松栮) : 소나무 송, 버섯 이. 솔[松]잎이 쌓인 습지에 나는 버섯[栮].

✏️ 한 글자 한 글자씩 천천히 써 보세요.

날	씨	가		추	워	져		겨	울	이		된		뒤
에	야			소	나	무	와		잣	나	무	가		나	중
에			시	든	다	는			것	을		알		수		있
다	.													

🖌️ 눈을 감고 뜻을 음미한 뒤에 다시 한 번 써 보세요.

✏️ 느낀 점을 한 줄로 간단히 적어 보세요.

🖌️ 자주 사용하는 한자를 따라 써 보세요.

寒	食	寒	食	寒	食						
自	然	自	然	自	然						
松	栢	松	栢	松	栢						

43 지혜와 어짊과 용기를 갖추어라

論語

知 者 不 惑 하고 仁 者 不 憂 하며
알 **지**　사람 **자**　아니 **불**　의심할 **혹**　　어질 **인**　사람 **자**　아니 **불**　근심할 **우**

勇 者 不 懼 니라
용감할 **용**　사람 **자**　아니 **불**　두려워할 **구**

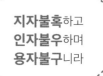
지자불혹하고
인자불우하며
용자불구니라

지혜로운 이는 헷갈려 하지 않고
어진 이는 걱정하지 않으며
용기 있는 이는 두려워하지 않는다. 자한 28

이해의 디딤돌

거꾸로 생각해 볼까요. 헷갈려 하지 않는 것이 지혜입니다. 자신의 문제 상황을 분명하게 판단할 수 있으니까요. 걱정하지 않는 것이 인입니다. 근심은 대체로 성패나 이해를 걱정하는 마음에서 생기는데 어진 사람은 거기에 구애되지 않아 쓸데없는 걱정에 빠지지 않지요. 두려워하지 않는 것이 용기입니다. 마음속에 정의감이 꽉 차 있기 때문에 어지간한 상황이 와도 두렵지 않습니다. 쉽지는 않지만 세 가지를 모두 갖춘다면 참으로 멋진 사람이겠지요.

관련 어휘 풀이

의혹(疑惑) : 의심할 의, 미혹할 혹. 의심하여[疑] 수상히[惑] 여김.
용장(勇將) : 용맹할 용, 장수 장. 용감한[勇] 장수[將].

110

한 글자 한 글자씩 천천히 써 보세요.

지	혜	로	운		이	는		헷	갈	려		하	지	
않	고		어	진		이	는		걱	정	하	지		않
으	며		용	기		있	는		이	는		두	려	워
하	지		않	는	다	.								

눈을 감고 뜻을 음미한 뒤에 다시 한 번 써 보세요.

느낀 점을 한 줄로 간단히 적어 보세요.

자주 사용하는 한자를 따라 써 보세요.

疑	惑	疑	惑	疑	惑				
勇	將	勇	將	勇	將				

111

44 지나치지도 모자라지도 말게 해라

過 猶 不 及 이니라

지나칠 **과** 　같을 **유** 　아니 **불** 　미칠 **급**

과유불급이니라

지나친 것은 모자란 것과 같다. 선진 15

**이해의
디딤돌**

'과유불급(過猶不及)'은 유명하고 자주 쓰이는 말인데, '지나친 것은 모자란 것만 못하다.'라는 뜻으로 잘못 알고 있는 경우가 많아요. '지나친 것이나 모자란 것이나 똑같이 중용에 부합하지 않다는 점에서는 같다.'라는 뜻입니다. 중용이 중요하다는 것이지요. 밥을 지나치게 많이 먹으면 소화가 되지 않아 배탈이 날 수 있고, 반면에 모자라게 먹으면 나중에 밥 생각이 자꾸 나서 밤에 야식을 먹게 되지요. 쉽지 않겠지만 적당하게 먹는 것이 좋지요. 그게 과유불급입니다.

**관련
어휘
풀이**

과욕(過欲) : 지나칠 과, 욕심 욕. 지나친[過] 욕심[欲].
파급(波及) : 물결 파, 미칠 급. 어떤 일의 영향[波]이 차차 다른 데로 미침[及].

✏️ 한 글자 한 글자씩 천천히 써 보세요.

지	나	친		것	은		모	자	란		것	과		같
다	.													

🖌️ 눈을 감고 뜻을 음미한 뒤에 다시 한 번 써 보세요.

✏️ 느낀 점을 한 줄로 간단히 적어 보세요.

🖌️ 자주 사용하는 한자를 따라 써 보세요.

過	欲	過	欲	過	欲							
波	及	波	及	波	及							

論語

君子는 不憂不懼니라

임금 **군**　아들 **자**　　아니 **불**　근심할 **우**　아니 **불**　두려워할 **구**

군자는
불우불구니라

**군자는 근심하지 않고
두려워하지 않는다.** 안연 4

**이해의
디딤돌**

어떤 일을 할 때 걱정과 근심이 많은 사람은 '내가 지금 괜한 걱정을 하고 있는 건 아닐까?' 하고 한 번 생각해 보세요. 근심과 걱정이 조금만 줄어도 상황을 객관적으로 파악할 수 있습니다. 그러면 문제를 분명하게 파악하여 보다 빠르게 해결할 수 있을 거예요.

**관련
어휘
풀이**

군주(君主) : 임금 군, 주인 주. 임금[君]을 나라의 주인[主]으로 이르던 말.

자손(子孫) : 자식 자, 손자 손. 자식[子]과 손자[孫].

우수(憂愁) : 근심할 우, 걱정할 수. 근심하고[憂] 걱정함[愁].

✏️ 한 글자 한 글자씩 천천히 써 보세요.

군	자	는		근	심	하	지		않	고		두	려	워
하	지		않	는	다	.								

🖌️ 눈을 감고 뜻을 음미한 뒤에 다시 한 번 써 보세요.

✏️ 느낀 점을 한 줄로 간단히 적어 보세요.

🖌️ 자주 사용하는 한자를 따라 써 보세요.

君	主	君	主	君	主				
子	孫	子	孫	子	孫				
憂	愁	憂	愁	憂	愁				

46 믿음을 주춧돌로 삼아라

無 信 不 立 이니라
없을 **무** 믿을 **신** 아니 **불** 설 **립**

무신불립이니라

믿음이 없다면 아무 일도 되지 않는다. 안연 7

이해의 디딤돌

공자는 정치가이기도 했습니다. 원래 이 문장의 주어는 백성[民]이어서 '백성의 믿음이 없다면 나라는 존립할 수 없다.'라고 해석할 수 있지요. 나라뿐 아니라 한 가정에도 아빠와 엄마 사이에 믿음이 없다면, 부모와 자식 사이에 믿음이 없다면 안 되겠지요. 친구 사이에도 믿음이 없다면 제대로 유지될 수 없겠지요. 구성원들 사이에 신뢰가 없다면 사회가 안정적으로 유지될 가능성이 낮지요. 신뢰는 모든 관계의 핵심입니다.

관련 어휘 풀이

무궁(無窮) : 없을 무, 다할 궁. 다함[窮]이 없음[無].
신자(信者) : 믿을 신, 사람 자. 어떤 종교를 믿는[信] 사람[者].
건립(建立) : 세울 건, 세울 립. 건물 따위를 만들어 세움[建=立].

✏️ 한 글자 한 글자씩 천천히 써 보세요.

믿	음	이		없	다	면		아	무		일	도		되
지		않	는	다	.									

🖌️ 눈을 감고 뜻을 음미한 뒤에 다시 한 번 써 보세요.

✏️ 느낀 점을 한 줄로 간단히 적어 보세요.

🖌️ 자주 사용하는 한자를 따라 써 보세요.

無	窮	無	窮	無	窮									
信	者	信	者	信	者									
建	立	建	立	建	立									

제 위치에서 제 역할을 다해라

君 君 臣 臣 父 父 子 子 니이다

임금 **군**　임금 **군**　신하 **신**　신하 **신**　아버지 **부**　아버지 **부**　자식 **자**　자식 **자**

임금은 임금다워야 하고,
신하는 신하다워야 하며,
아버지는 아버지다워야 하고,
자식은 자식다워야 한다. 안연 11

군군신신
부부자자니이다

**이해의
디딤돌**

정치가 무엇이냐는 제나라 경공의 질문에 공자가 한 대답입니다. 각자 맡은 역할을 충실히 수행할 때 사회가 안정적으로 운영된다는 뜻입니다. 여러분의 경우는 가정에서 자식의 역할을 다하고, 학교에서 학생의 역할을 다하며, 친구 사이에 친구의 역할을 다한다면 모든 관계가 원만하겠지요. 무엇이 진정한 역할인지는 조금씩 생각이 다를 수 있지만, 남을 탓하기보다 우선 자신의 역할에 충실하면 되지 않을까요.

**관련
어휘
풀이**

신하(臣下) : 섬길 신, 아래 하. 임금을 그 아래[下]에서 섬기는[臣] 사람.
부자(父子) : 아버지 부, 아들 자. 아버지[父]와 아들[子].
자음(子音) : 아이 자, 소리 음. 어머니의 보살핌을 받아야 하는 아이[子]처럼 모음(母音)이 있어야
　　　　　　　음절음이 되는 소리[音].

임	금	은		임	금	다	워	야		하	고	,	신	하
는		신	하	다	워	야		하	며	,	아	버	지	는
아	버	지	다	워	야		하	고	,	자	식	은		자
식	다	워	야		한	다	.							

🖌️ 눈을 감고 뜻을 음미한 뒤에 다시 한 번 써 보세요.

✏️ 느낀 점을 한 줄로 간단히 적어 보세요.

🖌️ 자주 사용하는 한자를 따라 써 보세요.

臣	下	臣	下	臣	下				
父	子	父	子	父	子				
子	音	子	音	子	音				

48 약속을 묵혀 두지 마라

子 路는 無 宿 諾하다
아들 **자** 길 **로**   없을 **무** 묵을 **숙** 허락할 **락**

자로는 **무숙락**하다

자로는 하겠노라 약속한 것은 묵혀 두고 미적거리는 법이 없었다. 안연 12

이해의 디딤돌

자로는 남에게 공언한 약속은 곧바로 지켰다는군요. 이런 사람이 자신에게 한 약속을 허투루 여겼을 리가 없지요. 여러분은 자기 자신과의 약속을 잘 지키는 편인가요? 평범한 사람들은 굳은 마음으로 시작하지만 작심삼일로 끝날 때가 대부분입니다. 그런 경험이 한두 번 쌓이면 나중엔 자기 합리화로 흐르거나 자포자기하게 될 우려가 있습니다. 남과의 약속도 마찬가지입니다. 가까운 관계일수록, 사소한 약속일수록 아무렇지 않게 어길 때가 있지요. 그러니 이 말씀대로 지키기란 얼마나 어려운 일일까요?

관련 어휘 풀이

무난(無難) : 없을 무, 어려울 난. 어려움[難]이 없음[無].

숙식(宿食) : 잠잘 숙, 먹을 식. 자고[宿] 먹음[食].

허락(許諾) : 들어줄 허, 승낙할 낙. 청하는 바를 들어주어[許] 승낙함[諾].

✏️ 한 글자 한 글자씩 천천히 써 보세요.

자	로	는		하	겠	노	라		약	속	한		것	은
묵	혀		두	고		미	적	거	리	는		법	이	
없	었	다	.											

🖌️ 눈을 감고 뜻을 음미한 뒤에 다시 한번 써 보세요.

✏️ 느낀 점을 한 줄로 간단히 적어 보세요.

🖌️ 자주 사용하는 한자를 따라 써 보세요.

無	難	無	難	無	難						
宿	食	宿	食	宿	食						
許	諾	許	諾	許	諾						

君 子는 成 人 之 美 하고
임금 **군** 　 아들 **자** 　 이룰 **성** 　 사람 **인** 　 어조사 **지** 　 아름다울 **미**

不 成 人 之 惡 하나니
아니 **불** 　 이룰 **성** 　 사람 **인** 　 어조사 **지** 　 악할 **악**

小 人은 反 是 니라
작을 **소** 　 사람 **인** 　 　 뒤집을 **반** 　 이 **시**

> 군자는 성인지미하고
> 불성인지악하나니
> 소인은 반시니라

군자는 남의 좋은 점을 북돋아 키워 주지,
남의 나쁜 점을 더 심해지도록 부추기지 않는다.
소인은 이와 반대로 한다. 안연 16

이해의 디딤돌

반듯하고 당당한 사람은 남의 좋은 점을 들으면 더 잘되게 도와주고 남의 나쁜 점을 들어도 모른 척합니다. 그런데 지질한 사람은 말만 하면 남의 험담이고 어떻게 해서든지 남의 장점을 깎아내 립니다. 못난 사람은 내면이 부실하고 자신감이 없기 때문에 스스로 떳떳하지 못해서 남을 깎아 내려야 자신이 올라가는 줄 착각합니다. 그리고 자신은 절대로 한심한 짓을 하는 줄 모릅니다.

관련 어휘 풀이

성년(成年) : 이룰 성, 나이 년. 사람으로서 신체적 정서적으로 성숙한[成] 나이[年].
미녀(美女) : 아름다울 미, 여자 녀. 아름다운[美] 여자[女].
악몽(惡夢) : 나쁠 악, 꿈 몽. 나쁜[惡] 꿈[夢].

✏️ 한 글자 한 글자씩 천천히 써 보세요.

군	자	는		남	의		좋	은		점	을		북	돋
아		키	워		주	지	,	남	의		나	쁜		점
을		더		심	해	지	도	록		부	추	기	지	
않	는	다	.		소	인	은		이	와		반	대	로
한	다	.												

🖌️ 눈을 감고 뜻을 음미한 뒤에 다시 한 번 써 보세요.

✏️ 느낀 점을 한 줄로 간단히 적어 보세요.

🖌️ 자주 사용하는 한자를 따라 써 보세요.

成	年	成	年	成	年						
美	女	美	女	美	女						
惡	夢	惡	夢	惡	夢						

50 학문으로 벗을 사귀어라

論語

君子는 以文會友하고
임금 **군** 아들 **자** 　써 **이** 글월 **문** 모을 **회** 벗 **우**

以友輔仁이니라
써 **이** 벗 **우** 도울 **보** 어질 **인**

군자는
이문회우하고
이우보인이니라

군자는 학문을 통해 벗을 모으고
벗을 통해 자신의 덕을 함양하도록
돕게 한다. 안연 24

이해의 디딤돌

"친구를 보면 그 사람을 알 수 있다."라는 말이 있습니다. 매일 모여서 쓸데없이 시간을 허비하기보다는 의미 있는 일, 특히 학문을 매개로 모인다면 서로의 성장을 도모하니 좋은 일이겠지요. 벗이란 무조건 내 뜻에 동조해 주는 사람이 아니라 내가 잘못을 저지르지 않도록 충고해 주는 사람입니다. '보(輔)'는 '나무로 된 수레바퀴의 굴대'를 말합니다. 굴대가 망가지면 수레바퀴는 제 구실을 못하지요. 반듯한 친구가 나라는 수레바퀴가 모양을 유지하며 잘 굴러가게 해 줍니다.

관련 어휘 풀이

문구(文句) : 글월 문, 글귀 구. 글[文]의 구절[句].
회장(會長) : 모일 회, 어른 장. 모임[會]을 대표하는 우두머리[長].
우정(友情) : 벗 우, 마음 정. 친구[友] 사이에 느끼는 감정[情].

✏️ 한 글자 한 글자씩 천천히 써 보세요.

군	자	는		학	문	을		통	해		벗	을		모
으	고		벗	을		통	해		자	신	의		덕	을
함	양	하	도	록		돕	게		한	다	.			

🖌️ 눈을 감고 뜻을 음미한 뒤에 다시 한 번 써 보세요.

✏️ 느낀 점을 한 줄로 간단히 적어 보세요.

🖌️ 자주 사용하는 한자를 따라 써 보세요.

文	句	文	句	文	句						
會	長	會	長	會	長						
友	情	友	情	友	情						

6강

성찰의 힘

51

욕심을 앞세워 서두르지 마라

欲 速 則 不 達 하고
하고자 할 **욕** 빠를 **속** 곧 **즉** 아니 **부** 도달할 **달**

見 小 利 則 大 事 不 成 이니라
볼 **견** 작을 **소** 이익 **리** 곧 **즉** 큰 **대** 일 **사** 아니 **불** 이룰 **성**

너무 서두르면 목표를
달성하지 못하고
작은 이익에 욕심을 내면
큰일을 이루지 못한다. 자로 17

욕속즉부달하고
견소리즉
대사불성이니라

이해의 디딤돌

'빨리 가려고 서두르면 목적지에 도착하지 못한다.'라는 뜻의 사자성어 '욕속부달'이 여기서 나왔습니다. 조급증이 있으면 큰 그림을 그릴 수가 없어요. 또 힘든 중간 과정을 견디기 어렵기 때문에 그 일을 현실화하는 일은 거의 불가능합니다. 작은 이익에 급급한 사람은 대체로 눈치가 빠른 사람입니다. 게을러서도 안 되지만 너무 약삭빠르면 일을 그르칩니다. 너무 빠르지도 느리지도 않고 묵묵하고 진중하게 나아가야 합니다.

관련 어휘 풀이

속도(速度) : 빠를 속, 정도 도. 빠른[速] 정도[度].

이기심(利己心) : 이로울 리, 자기 기, 마음 심. 자신[己]만 이롭게[利] 하려는 마음[心].

대국(大國) : 큰 대, 나라 국. 큰[大] 나라[國].

한 글자 한 글자씩 천천히 써 보세요.

너	무		서	두	르	면		목	표	를		달	성	하
지		못	하	고		작	은		이	익	에		욕	심
을		내	면		큰	일	을		이	루	지		못	한
다	.													

눈을 감고 뜻을 음미한 뒤에 다시 한 번 써 보세요.

느낀 점을 한 줄로 간단히 적어 보세요.

자주 사용하는 한자를 따라 써 보세요.

速	度	速	度	速	度						
利	己	心	利	己	心	利	己	心			
大	國	大	國	大	國						

52

남에게 휘둘리지 마라

君 子 는 和 而 不 同 하고
임금 **군** 아들 **자**　조화로울 **화** 말 이을 **이** 아니 **부** 같을 **동**

小 人 은 同 而 不 和 니라
작을 **소** 사람 **인**　같을 **동** 말 이을 **이** 아니 **불** 조화로울 **화**

> 군자는 **화이부동**하고
> 소인은 **동이불화**니라

군자는 사람들과 조화를 이루지
줏대 없이 남의 의견에 따라 움직이지 않는다.
소인은 줏대 없이 남의 의견에 따라 움직이지
남과 조화를 이루지 못한다. 자로 23

**이해의
디딤돌**

'사람들과 조화를 이룬다.'라는 말은 무조건 상대방의 말을 수긍한다는 뜻이 아니라 '나와 상대방과의 차이를 전제로 하고 자신의 주관을 확고히 한 상태로 남과 조화를 이룬다.'라는 뜻입니다. 자신의 의견은 분명하면서도 상대방의 의견을 존중한다는 것이지요. 군자는 무턱대고 상대방에게 동조하지 않습니다. 반면에 소인은 자신의 견해가 없는 상태로 다른 사람들의 눈치를 살펴 많은 쪽으로 붙습니다. 남의 눈치를 보며 휩쓸리는 것은 남의 삶이지 나의 삶이 아닙니다. '화이부동'이란 말도 유명한 말씀이니 꼭 기억해 두세요.

**관련
어휘
풀이**

화음(和音) : 어울릴 화, 소리 음. 높이가 다른 둘 이상의 음이 함께 울릴 때 어울리는[和] 소리[音].
사이비(似而非) : 같을 사, 말 이을 이, 아닐 비. 겉으로는 비슷한[似] 듯하지만[而] 속은 완전히 그
　　　　　렇지 않음[非].
동점(同點) : 같을 동, 점 점. 같은[同] 점수[點].

군	자	는		사	람	들	과		조	화	를		이	루
지		줏	대		없	이		남	의		의	견	에	
따	라		움	직	이	지		않	는	다	.		소	인	은
줏	대		없	이		남	의		의	견	에		따	라
움	직	이	지		남	과		조	화	를		이	루	지
못	한	다	.											

느낀 점을 한 줄로 간단히 적어 보세요.

자주 사용하는 한자를 따라 써 보세요.

和	音	和	音	和	音						
似	而	非	似	而	非	似	而	非			
同	點	同	點	同	點						

53 내실을 채우고 교만을 멀리해라

君子는 泰而不驕하고
임금 **군** 아들 **자** 편안할 **태** 말 이을 **이** 아니 **불** 교만할 **교**

小人은 驕而不泰니라
작을 **소** 사람 **인** 교만할 **교** 말 이을 **이** 아니 **불** 편안할 **태**

> 군자는 **태이불교**하고
> 소인은 **교이불태**니라

군자는 편안하면서도 교만하지 않고,
소인은 교만하기만 하고
편안하지 못하다. 자로 26

**이해의
디딤돌**

군자는 늘 편안합니다. 자기를 비하하지도 남 앞에서 거드름을 피우지도 않습니다. 남을 무시하지도 숭배하지도 않기 때문에 태연하고 편안합니다. 이는 속이 꽉 차서 자신감이 있기 때문이지요. 반면에 소인은 오만하고 불손하고 거만합니다. 어떤 자리에서든 자신을 내세우지 않으면 불안합니다. 그래서 겉으로는 굉장히 센 척합니다. 그만큼 내실이 없다는 증거이겠지요.

**관련
어휘
풀이**

태연(泰然) : 침착할 태, 그러할 연. 침착한[泰] 모양[然].
불멸(不滅) : 아니 불, 없앨 멸. 영원히 없어지지[滅] 않음[不].
교만(驕慢) : 잘난 체할 교, 건방질 만. 잘난 체하고[驕] 건방짐[慢].

✏️ 한 글자 한 글자씩 천천히 써 보세요.

군	자	는		편	안	하	면	서	도		교	만	하	지
않	고	,		소	인	은		교	만	하	기	만		하	고
편	안	하	지		못	하	다	.						

🖌️ 눈을 감고 뜻을 음미한 뒤에 다시 한번 써 보세요.

✏️ 느낀 점을 한 줄로 간단히 적어 보세요.

🖌️ 자주 사용하는 한자를 따라 써 보세요.

泰	然	泰	然	泰	然				
不	滅	不	滅	不	滅				
驕	慢	驕	慢	驕	慢				

133

有 德 者 는 必 有 言 이나
있을 유 덕 덕 사람 자 반드시 필 있을 유 말씀 언

有 言 者 는 不 必 有 德 이니라
있을 유 말씀 언 사람 자 아니 불 반드시 필 있을 유 덕 덕

유덕자는
필유언이나
유언자는
불필유덕이니라

덕이 있는 사람은
반드시 훌륭한 말이 있지만,
말을 잘하는 사람이라고
반드시 덕이 있는 것은 아니다. 헌문 5

이해의 디딤돌

훌륭한 인품을 가진 사람은 반드시 그 말씀도 훌륭하지만, 말재주가 뛰어나다고 해서 반드시 훌륭한 인품인 것은 아니라는 말씀입니다. 자신의 생각을 남들 앞에서 조리 있고 분명하게 표현할 줄 아는 것은 꼭 갖추어야 할 능력입니다. 다만 언변이 그 사람의 인격을 증명하는 보증 수표는 아니니까 현혹되지 마라는 의미입니다.

관련 어휘 풀이

유력(有力) : 있을 유, 힘 력. 힘[力]이나 세력이 있음[有].
덕목(德目) : 베풀 덕, 눈 목. 남에게 베풀어야[德] 할, 충·효·인의 따위의 항목[目].
필연(必然) : 반드시 필, 그러할 연. 반드시[必] 그렇게[然] 됨.

덕	이		있	는		사	람	은		반	드	시		훌
룽	한		말	이		있	지	만	,	말	을		잘	하
는		사	람	이	라	고		반	드	시		덕	이	
있	는		것	은		아	니	다	.					

🖌️ 눈을 감고 뜻을 음미한 뒤에 다시 한 번 써 보세요.

✏️ 느낀 점을 한 줄로 간단히 적어 보세요.

🖌️ 자주 사용하는 한자를 따라 써 보세요.

有	力	有	力	有	力				
德	目	德	目	德	目				
必	然	必	然	必	然				

55 가난하되 자존심을 잃지 마라

貧 而 無 怨 은 難 하고
가난할 **빈** 말 이을 **이** 없을 **무** 원망할 **원** 어려울 **난**

富 而 無 驕 는 易 하니라
부유할 **부** 말 이을 **이** 없을 **무** 교만할 **교** 쉬울 **이**

빈이무원은 **난**하고
부이무교는 **이**하니라

가난하면서 남을 원망하지 않기는
어렵지만, 부유하면서 남에게
교만하지 않기는 쉽다. 헌문 11

이해의 디딤돌

가난하면 부모, 사회 등 남을 원망하기가 쉽습니다. 부유하면 재산의 많고 적음으로 등급을 매기며 교만하기 쉽습니다. 가난하면서 남을 탓하지 않는 것도, 부자이면서 남을 깔보지 않는 것도 어렵습니다. 둘 중 전자가 더 어렵습니다. 여기서 말하는 가난은 게으름이 불러온 결과가 아니라 어쩔 수 없는 상황이 불러온 가난입니다. 가난하다고 해서 남을 탓하는 것은 자존심을 스스로 무너뜨리는 행동이 아닐까요.

관련 어휘 풀이

빈부(貧富) : 가난할 빈, 넉넉할 부. 가난함[貧]과 넉넉함[富].

원성(怨聲) : 원망할 원, 소리 성. 원망하는[怨] 소리[聲].

난처(難處) : 어려울 난, 처리할 처. 처리하기[處] 어려움[難].

✏️ 한 글자 한 글자씩 천천히 써 보세요.

가	난	하	면	서		남	을		원	망	하	지		않
기	는		어	렵	지	만	,	부	유	하	면	서		남
에	게		교	만	하	지		않	기	는		쉽	다	.

🖌️ 눈을 감고 뜻을 음미한 뒤에 다시 한번 써 보세요.

✏️ 느낀 점을 한 줄로 간단히 적어 보세요.

🖌️ 자주 사용하는 한자를 따라 써 보세요.

貧	富	貧	富	貧	富				
怨	聲	怨	聲	怨	聲				
難	處	難	處	難	處				

어려운 상황일수록 원칙을 지켜라

見 利 思 義 하고
볼 **견**　이익 **리**　생각할 **사**　의로울 **의**

見 危 授 命 하다
볼 **견**　위태로울 **위**　바칠 **수**　목숨 **명**

견리사의하고
견위수명하다

이익을 보고는 의로움을 생각하고,
위급함을 당해서는 기꺼이
목숨을 바친다. 헌문 13

이해의 디딤돌

안중근(安重根) 의사가 이토 히로부미를 사살하고 중국 뤼순 감옥에서 쓴 것으로 유명한 구절입니다. 나에게 이익이 생긴다고 덥석 받을 것이 아니라 과연 정당하고 옳은 이익인지 따져 보아야 합니다. '위태로운 때를 당해서는 자신의 온몸을 바치라.'라는 말은 국가나 사회에 위기가 찾아왔을 때 공동체를 위해 자신을 희생한 안중근의 삶이 그 의미를 잘 표현하고 있습니다.

관련 어휘 풀이

견학(見學) : 볼 견, 배울 학. 보고[見] 배움[學].
사색(思索) : 생각 사, 찾을 색. 어떤 것에 대하여 깊이 생각하고[思] 이치를 따져 찾아봄[索].
명령(命令) : 명할 명, 시킬 령. 명(命)을 내려 시킴[令].

이	익	을		보	고	는		의	로	움	을		생	각
하	고,	위	급	함	을		당	해	서	는		기	꺼
이		목	숨	을		바	친	다.						

🖌️ 눈을 감고 뜻을 음미한 뒤에 다시 한 번 써 보세요.

✏️ 느낀 점을 한 줄로 간단히 적어 보세요.

🖌️ 자주 사용하는 한자를 따라 써 보세요.

見	學	見	學	見	學					
思	索	思	索	思	索					
命	令	命	令	命	令					

論語

古 之 學 者 는 爲 己 러니
옛 **고**   어조사 **지**   배울 **학**   사람 **자**   위할 **위**   자신 **기**

今 之 學 者 는 爲 人 이로다
이제 **금**   어조사 **지**   배울 **학**   사람 **자**   위할 **위**   사람 **인**

고지학자는
위기러니
금지학자는
위인이로다

옛날의 배우는 사람들은 자신을 위해
공부했는데, 지금의 배우는 사람들은
남을 위해 공부한다. 헌문 25

**이해의
디딤돌**

자신을 위한 공부는 '자기의 인격 수양을 위한 배움'이라는 뜻입니다. 남을 위한 공부는 '남의 인정
이나 명성을 얻기 위한 배움'이라는 뜻입니다. 공부의 목적은 자신의 내면의 힘과 외부의 상황에
대처하기 위한 힘을 기르기 위한 것이지, 남을 의식해서 남에게 인정받기 위해서 배우는 것이 아
닙니다.

**관련
어휘
풀이**

고대(古代) : 옛 고, 시대 대. 옛[古] 시대[代].
금방(今方) : 이제 금, 바로 방. 지금[今] 바로[方].
인격(人格) : 사람 인, 품격 격. 말이나 행동 등에 나타나는 그 사람[人]의 품격[格].

✏️ 한 글자 한 글자씩 천천히 써 보세요.

옛	날	의		배	우	는		사	람	들	은		자	신
을		위	해		공	부	했	는	데	,		지	금	의
배	우	는		사	람	들	은		남	을		위	해	
공	부	한	다	.										

🖌️ 눈을 감고 뜻을 음미한 뒤에 다시 한 번 써 보세요.

✏️ 느낀 점을 한 줄로 간단히 적어 보세요.

🖌️ 자주 사용하는 한자를 따라 써 보세요.

古	代	古	代	古	代						
今	方	今	方	今	方						
人	格	人	格	人	格						

남 탓보다 제 탓을 해라

不 怨 天 하고 不 尤 人 하다
아니 **불** 원망할 **원** 하늘 **천**   아니 **불** 허물할 **우** 사람 **인**

> **불원천**하고
> **불우인**하다

하늘을 원망하지 않고
사람을 탓하지 않는다. 헌문 37

**이해의
디딤돌**

객관적 상황을 놓고 보면 남이나 사회를 탓해야 할 때도 분명히 있어요. 그렇게 남의 탓을 하고 화를 낼 때 그 순간은 후련할지 몰라도 문제는 해결되지 않는다는 거예요. 내 문제는 내가 해결해야지요. 남들은 나만큼 절실하지 않으니 남 탓을 해 봐야 먹히지 않습니다. 문제의 상황을 객관적으로 바라보고 그 문제를 해결할 책임이 나에게 있음을 직시하라는 뜻입니다. 문제를 내 탓으로 돌리기만 해도 문제의 반은 해결할 준비가 된 것입니다.

**관련
어휘
풀이**

원한(怨恨) : 미워할 원, 한탄할 한. 억울한 일을 당하여 미워하고[怨] 한스러워함[恨].
천지(天地) : 하늘 천, 땅 지. 하늘[天]과 땅[地].
인공(人工) : 사람 인, 장인 공. 사람[人]의 힘으로 자연에 대해 가공하는[工] 일.

하	늘	을		원	망	하	지		않	고		사	람	을
탓	하	지		않	는	다	.							

눈을 감고 뜻을 음미한 뒤에 다시 한번 써 보세요.

느낀 점을 한 줄로 간단히 적어 보세요.

자주 사용하는 한자를 따라 써 보세요.

怨	恨	怨	恨	怨	恨				
天	地	天	地	天	地				
人	工	人	工	人	工				

143

7강

습관의 힘

人 無 遠 慮 면
사람 **인**　없을 **무**　멀 **원**　생각할 **려**

必 有 近 憂 니라
반드시 **필**　있을 **유**　가까울 **근**　근심할 **우**

인무원려면
필유근우니라

사람이 멀리 내다보며 생각하지 않으면,
반드시 머지 않아 근심할 일이 생긴다. 위령공 11

**이해의
디딤돌**

큰 그림을 그리지 않고 행동하면 조만간 근심할 일이 닥치게 마련이라는 뜻입니다. 당장 처리해야 할 일과 천천히 처리해야 할 일을 잘 구분해야 일처리의 효율이 높아집니다. 그런데 왠지 당장 처리해야 할 일이 아닌, 천천히 처리해도 되는 일을 먼저 하고 싶지요. 그러면 일의 매듭이 풀리지 않고 마음은 조급해지고 급기야 일의 순서가 뒤죽박죽이 됩니다. 힘은 두 배로 들고 보람은 반으로 줄어듭니다.

**관련
어휘
풀이**

원근(遠近) : 멀 원, 가까울 근. 멀고[遠] 가까움[近].
사려(思慮) : 생각할 사, 생각할 려. 신중하게 생각함[思=慮].
근시(近視) : 가까울 근, 볼 시. 먼 곳은 잘 보지 못하지만, 가까운[近] 곳은 잘 봄[視].

✏️ 한 글자 한 글자씩 천천히 써 보세요.

사	람	이		멀	리		내	다	보	며		생	각	하
지		않	으	면	,		반	드	시		머	지		않	아
근	심	할		일	이		생	긴	다	.					

🖌️ 눈을 감고 뜻을 음미한 뒤에 다시 한 번 써 보세요.

✏️ 느낀 점을 한 줄로 간단히 적어 보세요.

🖌️ 자주 사용하는 한자를 따라 써 보세요.

遠	近	遠	近	遠	近					
思	慮	思	慮	思	慮					
近	視	近	視	近	視					

不 曰 如 之 何 如 之 何 者 는
아니 **불** 말할 **왈** 같을 **여** 어조사 **지** 어찌 **하** 같을 **여** 어조사 **지** 어찌 **하** 사람 **자**

吾 末 如 之 何 也 已 矣 니라
나 **오** 아니 **말** 같을 **여** 어조사 **지** 어찌 **하** 어조사 **야** 어조사 **이** 어조사 **의**

불왈여지하
여지하자는
오말여지하
야이의니라

'어찌하면 좋을까,
어찌하면 좋을까.'라고
고민하지 않는 사람은
나도 어쩔 수 없다. 위령공 15

이해의 디딤돌

궁금해하지 않고 물어보지도 않는 학생에게는 공자도 어떻게 해 줄 수 없었나 봅니다. 공부와 병에 관해서는 계속 떠벌려야 한다는 말이 있어요. 남들이 볼 때는 공부를 잘하는지 못하는지, 몸이 아픈지 아프지 않은지 알 수 없거든요. 최소한의 자발성이 없으면 누구도 도와주지 않아요. 그런 면에서 세상은 냉정합니다. 공부만 그런 것이 아니라 모든 일이 다 그렇습니다.

관련 어휘 풀이

왈가왈부(曰可曰否) : 말할 왈, 옳을 가, 말할 왈, 아니 부. 어떤 일에 대해 옳다[可] 말하거나[曰] 옳지 않다고[否] 말함[曰]. 즉 옥신각신함.

하여간(何如間) : 어찌 하, 같을 여, 사이 간. 어찌하든지[何如] 간(間)에. 즉 어쨌든, 좌우간.

말일(末日) : 끝 말, 날 일. 어느 기간의 마지막[末] 날[日].

'	어	찌	하	면		좋	을	까	,	어	찌	하	면
좋	을	까	.	'	라	고		고	민	하	지		않	는
사	람	은		나	도		어	쩔		수		없	다	.

🖌️ 눈을 감고 뜻을 음미한 뒤에 다시 한 번 써 보세요.

✏️ 느낀 점을 한 줄로 간단히 적어 보세요.

🖌️ 자주 사용하는 한자를 따라 써 보세요.

曰	可	曰	否	曰	可	曰	否	曰	可	曰	否		
何	如	間	何	如	間	何	如	間			
末	日	末	日	末	日						

문제의 원인을 자신에게서 찾아라

君 子는 求 諸 己요
임금 **군** 아들 **자** 구할 **구** 어조사 **저** 자신 **기**

小 人은 求 諸 人이니라
작을 **소** 사람 **인** 구할 **구** 어조사 **저** 사람 **인**

> 군자는 **구저기**요
> 소인은 **구저인**이니라

군자는 문제의 원인을 자신에게서 찾고, 소인은 문제의 원인을 남에게서 찾는다. 위령공 20

 이해의 디딤돌

문제의 원인을 찾는 이유는 문제를 해결하기 위함입니다. 사회의 구조에 그 원인이 있다 해도 "세상이 원래 그래.", "나는 어쩔 수 없어."라고 입버릇처럼 말하는 건, 원인을 찾아 문제를 해결하자는 것이 아니라 자신의 바깥에서 원인을 찾아 책임을 회피하고 핑계거리를 찾자는 마음에서 나오는 행동이기 쉽습니다. 바깥에서 원인을 찾는 데 익숙해지면 어떤 일이든 조금 하다가 안 되면 포기하는 데에도 익숙해집니다.

 관련 어휘 풀이

구심력(求心力) : 구할 구, 마음(중심) 심, 힘 력. 원의 중심[心]으로 나아가려는[求] 힘[力].

인구(人口) : 사람 인, 입 구. 세상 사람들[人]의 입[口]. 즉 사람의 수.

제도(諸島) : 여러(모두) 제, 섬 도. 여러[諸] 섬[島].

군	자	는		문	제	의		원	인	을		자	신	에
게	서			찾	고	,	소	인	은		문	제	의		원
인	을		남	에	게	서		찾	는	다	.			

🖌️ 눈을 감고 뜻을 음미한 뒤에 다시 한 번 써 보세요.

✏️ 느낀 점을 한 줄로 간단히 적어 보세요.

🖌️ 자주 사용하는 한자를 따라 써 보세요.

求	心	力	求	心	力	求	心	力			
人	口	人	口	人	口						
諸	島	諸	島	諸	島						

己 所 不 欲 을
자신 **기** | 바 **소** | 아니 **불** | 하고자 할 **욕**

勿 施 於 人 이니라
말 **물** | 베풀 **시** | 어조사 **어** | 사람 **인**

기소불욕을
물시어인이니라

내가 하기 싫은 일을
남에게 시키지 말아야 한다. 위령공 23

이해의 디딤돌

공자의 제자인 자공이 평생 좌우명으로 삼을 만한 말씀을 부탁하자 공자가 한 대답입니다. 자기 입장만 고집하고 남의 입장을 헤아리지 못하면 상대방에게 자기가 하기 싫은 일을 강요하게 됩니다. 이런 일이 세상에 얼마나 많을까요? 만일 세상 사람들이 이 구절만 명심하고 행동한다면 세상은 얼마나 평화로울까요?

관련 어휘 풀이

소용(所用) : 것 소, 쓸 용. 무엇에 쓰이는[用] 것[所]. 즉 쓸데.
물망초(勿忘草) : 말 물, 잊을 망, 풀 초. 나를 잊지[忘] 말라[勿]는 꽃말을 가진 풀[草].
시혜(施惠) : 베풀 시, 은혜 혜. 은혜[惠]를 베풂[施].

✏️ 한 글자 한 글자씩 천천히 써 보세요.

내	가		하	기		싫	은		일	을		남	에	게
시	키	지		말	아	야		한	다	.				

🖌️ 눈을 감고 뜻을 음미한 뒤에 다시 한 번 써 보세요.

✏️ 느낀 점을 한 줄로 간단히 적어 보세요.

🖌️ 자주 사용하는 한자를 따라 써 보세요.

所	用	所	用	所	用						
勿	忘	草	勿	忘	草	勿	忘	草			
施	惠	施	惠	施	惠						

衆 惡 之 라도 必 察 焉 하고
무리 **중** 미워할 **오** 어조사 **지** 반드시 **필** 살필 **찰** 어조사 **언**

衆 好 之 라도 必 察 焉 이니라
무리 **중** 좋을 **호** 어조사 **지** 반드시 **필** 살필 **찰** 어조사 **언**

여러 사람이 어떤 사람을 미워하더라도
반드시 내 눈으로 그를 살펴야 하고,
여러 사람이 어떤 사람을 좋아하더라도
반드시 내 눈으로 그를 살펴야 한다. 위령공 27

중오지라도
필찰언하고
중호지라도
필찰언이니라

이해의 디딤돌

남들이 나쁜 사람이라고 지목하면 별생각 없이 그 사람을 나쁜 사람으로 인식하기 쉽습니다. 여러 사람의 생각인 여론이 맞을 때도 많지만 그렇지 않을 때도 생각보다 많아요. 남들이 좋다고 하는 것, 남들이 싫다고 하는 것에 대해 자기 생각 없이 무조건 추종하지 마세요. 그것은 남의 생각과 삶이지 나의 생각과 삶이 아닙니다. 자신이 무엇을 좋아하고 싫어하는지를 잘 관찰해 보세요.

관련 어휘 풀이

중론(衆論) : 무리 중, 말할 론. 여러 사람[衆]의 말[論]이나 의견.
호오(好惡) : 좋아할 호, 미워할 오. 좋음[好]과 싫음[惡].
관찰(觀察) : 볼 관, 살필 찰. 사물이나 현상을 주의하여 자세히 보고[觀] 살핌[察].

여	러		사	람	이		어	떤		사	람	을		미
워	하	더	라	도		반	드	시		내		눈	으	로
그	를		살	펴	야		하	고	,		여	러		사	람
이		어	떤		사	람	을		좋	아	하	더	라	도
반	드	시		내		눈	으	로		그	를		살	펴
야		한	다	.										

느낀 점을 한 줄로 간단히 적어 보세요.

자주 사용하는 한자를 따라 써 보세요.

衆	論	衆	論	衆	論				
好	惡	好	惡	好	惡				
觀	察	觀	察	觀	察				

155

過 而 不 改 가
허물 **과** 말 이을 **이** 아니 **불** 고칠 **개**

是 謂 過 矣 니라
이 **시** 일컬을 **위** 허물 **과** 어조사 **의**

과이불개가
시위과의니라

잘못을 저지르고도 고치지 않는 것,
이것을 잘못이라고 한다. 위령공 29

이해의 디딤돌

앞에서 나온 "잘못이 있으면 고치기를 망설이지 말아야 한다[학이 8.]"라는 말은 이 구절에 대한 해설로 볼 수 있어요. 일차적으로는 잘못된 행동이 잘못이겠지요. 그런데 공자는 잘못을 하고도 고치지 않는 것이 진짜 잘못이라고 말합니다. 신이 아닌 이상 사람은 누구나 사소한 잘못을 합니다. 문제는 고치느냐의 여부예요. 공자는 이것을 기준으로 군자와 소인을 나누었을 테지요.

관련 어휘 풀이

개명(改名) : 고칠 개, 이름 명. 이름[名]을 고침[改]. 혹은 고친[改] 이름[名].

시시비비(是是非非) : 옳을 시, 옳을 시, 아닐 비, 아닐 비. 옳은[是] 것은 옳다고[是] 하고 그른[非] 것은 그르다고[非] 하는 일.

소위(所謂) : 바 소, 이를 위. 이른[謂] 바[所], 즉 말한 바.

✏️ 한 글자 한 글자씩 천천히 써 보세요.

잘	못	을		저	지	르	고	도		고	치	지		않
는		것	,	이	것	을		잘	못	이	라	고		한
다	.													

🖌️ 눈을 감고 뜻을 음미한 뒤에 다시 한 번 써 보세요.

🖌️ 느낀 점을 한 줄로 간단히 적어 보세요.

🖌️ 자주 사용하는 한자를 따라 써 보세요.

改	名	改	名	改	名				
是	是	非	非	是	是	非	非	是	是
所	謂	所	謂	所	謂				

65 유익한 벗을 사귀어라

友 直 하고 友 諒 하며

벗할 **우**　곧을 **직**　　　벗할 **우**　믿을 **량**

友 多 聞 이면 益 矣 니라

벗할 **우**　많을 **다**　들을 **문**　　유익할 **익**　어조사 **의**

> 우직하고 우량하며
> 우다문이면 익의니라

**정직한 사람과 벗하고,
신의 있는 사람과 벗하고,
견문이 많은 사람과 벗하면
나에게 유익하다.** 계씨 4

이해의 디딤돌

공자는 유익한 벗의 유형으로 세 가지를 들었습니다. 바로 정직한 벗, 믿음직한 벗, 아는 것이 많은 벗입니다. 이렇게 말하면 마치 백화점에 가서 물건을 고르듯이 이런 친구를 내가 잘 고르면 되는 것으로 생각할 수도 있겠지요. 그런데 상대방도 이런 관점에서 나를 친구로 삼을지를 판단할 수 있습니다. 그러므로 이 기준을 자신에게 적용해 보는 게 우선일 겁니다. 나는 누군가에게 유익한 벗인가? 하고 생각해 보세요.

관련 어휘 풀이

우방(友邦) : 벗 우, 나라 방. 서로 친한[友] 관계를 맺고 있는 이웃 나라[邦].
다수(多數) : 많을 다, 셀 수. 수효[數]가 많음[多].
이익(利益) : 이로울 리, 더할 익. 이롭고[利] 보탬[益]이 됨.

정	직	한		사	람	과		벗	하	고	,	신	의	
있	는			사	람	과		벗	하	고	,	견	문	이
많	은			사	람	과		벗	하	면		나	에	게
유	익	하	다	.										

🖌️ 눈을 감고 뜻을 음미한 뒤에 다시 한 번 써 보세요.

✏️ 느낀 점을 한 줄로 간단히 적어 보세요.

🖌️ 자주 사용하는 한자를 따라 써 보세요.

友	邦	友	邦	友	邦				
多	數	多	數	多	數				
利	益	利	益	利	益				

159

66 생각하고 행동해라

言 思 忠 하고　事 思 敬 하며
말씀 **언**　생각할 **사**　진실할 **충**　　일 **사**　생각할 **사**　삼갈 **경**

疑 思 問 하고　忿 思 難 이니라
의심할 **의**　생각할 **사**　물을 **문**　　성낼 **분**　생각할 **사**　어려울 **난**

언사충하고
사사경하며
의사문하고
분사난이니라

말할 때는 진실한가를 생각하고,
일을 처리할 때는 진지한가를 생각하고,
의심이 날 때는 다른 사람에게
물어볼 것을 생각하고, 화가 치밀 때는
후환이 생길까를 생각한다. 계씨 10

이해의 디딤돌

군자는 아홉 가지를 생각해야 한다는 구절 중 일부입니다. 말할 때 진실한 마음을 담았는지, 일 처리에 최선을 다했는지, 의문을 풀려고 자존심 내세우지 않고 남에게 물었는지, 화가 치밀어 오를 때 뒤탈이 생길지를 생각해 보고 행동하라는 말씀입니다. 대체로 생각은 적어서 문제이지 많아서 문제인 경우는 드뭅니다.

관련 어휘 풀이

언론(言論) : 말씀 언, 말할 론. 말[言]이나 글로 자기 생각을 발표함[論].
경로(敬老) : 공경할 경, 늙을 로. 노인[老]을 공경함[敬].

말	할		때	는		진	실	한	가	를		생	각	하
고	,	일	을		처	리	할		때	는		진	지	한
가	를		생	각	하	고	,	의	심	이		날		때
는		다	른		사	람	에	게		물	어	볼		것
을		생	각	하	고	,	화	가		치	밀		때	는
후	환	이		생	길	까	를		생	각	한	다	.	

✏️ 느낀 점을 한 줄로 간단히 적어 보세요.

🖌️ 자주 사용하는 한자를 따라 써 보세요.

言	論	言	論	言	論				
敬	老	敬	老	敬	老				

161

67 선은 쫓아가고 악은 벗어나라

見 善 如 不 及 하고
볼 **견**　착할 **선**　같을 **여**　아니 **불**　미칠 **급**

見 不 善 如 探 湯 이니라
볼 **견**　아니 **불**　착할 **선**　같을 **여**　더듬을 **탐**　끓을 **탕**

견선여불급하고
견불선여탐탕이니라

착한 일을 보거든 거기에 미치지 못할 듯이
열심히 추구하고, 사악한 일을 보거든
뜨거운 물에 손을 델 것처럼 꺼려야 한다. 계씨 11

이해의 디딤돌

착한 사람이나 행동을 보면 그 사람이나 행동을 본받고 따라 해야 합니다. 요즘말로 하면 벤치마 킹해야 합니다. 반면에 나쁜 사람이나 행동을 보면 마치 뜨거운 물에 데지 않도록 손을 재빨리 빼 듯이 피해야 합니다. 매정하다 싶을 정도로 과감하게 결단을 내리지 않으면 늘 같은 자리를 맴돌 뿐입니다.

관련 어휘 풀이

견해(見解) : 볼 견, 풀 해. 무엇을 보고[見] 그 의미 따위를 풀이함[解].

선전(善戰) : 잘할 선, 싸울 전. 잘[善] 싸움[戰].

탐험(探險) : 찾을 탐, 험할 험. 위험[險]한 어떤 곳을 찾아가서[探] 살펴보고 조사함.

착	한		일	을		보	거	든		거	기	에		미
치	지		못	할		듯	이		열	심	히		추	구
하	고	,	사	악	한		일	을		보	거	든		뜨
거	운		물	에		손	을		델		것	처	럼	
꺼	려	야		한	다	.								

🖌️ 눈을 감고 뜻을 음미한 뒤에 다시 한 번 써 보세요.

✏️ 느낀 점을 한 줄로 간단히 적어 보세요.

🖌️ 자주 사용하는 한자를 따라 써 보세요.

見	解	見	解	見	解						
善	戰	善	戰	善	戰						
探	險	探	險	探	險						

68 습관의 힘을 믿어라

性 相 近 也 나
성품 **성**　서로 **상**　가까울 **근**　어조사 **야**

習 相 遠 也 니라
익힐 **습**　서로 **상**　멀 **원**　어조사 **야**

성상근야나
습상원야니라

타고난 본성은 서로 비슷하지만
습관 때문에 서로 차이가 난다. 양화 2

이해의
디딤돌

어떤 일을 오랫동안 되풀이하는 과정에서 저절로 익힌 버릇이나 행동 방식을 습관이라고 합니다. 습관을 대수롭지 않게 여기는 경향이 있는데, 습관이 바로 그 사람 자체일 때가 많아요. 좋은 습관은 좋은 사람을 만들고, 나쁜 습관은 나쁜 사람을 만든다고 할 수 있어요. 창의성을 발휘하여 세계적으로 유명한 사람 중에는 자신만의 훌륭한 습관을 가진 사람이 많아요. 그들의 창의성은 대부분 그들의 습관이 뒷받침되어 나온 것입니다. 성공의 비결은 롤모델로 삼을 만한 사람의 습관을 내 습관으로 옮겨 오는 일입니다.

관련
어휘
풀이

성격(性格) : 성질 성, 품격 격. 각 개인의 성질[性]과 인격[格].

상의(相議) : 서로 상, 의논할 의. 어떤 일을 서로[相] 의논함[議].

습관(習慣) : 버릇 습, 버릇 관. 어떤 행위를 오랫동안 되풀이하는 과정에서 저절로 익힌[習] 버릇[慣]이나 행동 방식.

✏️ 한 글자 한 글자씩 천천히 써 보세요.

타	고	난		본	성	은		서	로		비	슷	하	지
만		습	관		때	문	에		서	로		차	이	가
난	다	.												

🖌️ 눈을 감고 뜻을 음미한 뒤에 다시 한번 써 보세요.

✏️ 느낀 점을 한 줄로 간단히 적어 보세요.

🖌️ 자주 사용하는 한자를 따라 써 보세요.

性	格	性	格	性	格				
相	議	相	議	相	議				
習	慣	習	慣	習	慣				

69 남에게 완벽함을 요구하지 마라

無 求 備 於 一 人 이니라

없을 **무**　구할 **구**　갖출 **비**　어조사 **어**　한 **일**　사람 **인**

무구비어일인이니라

한 사람에게 모든 것을 갖추라고 요구해서는 안 된다. 미자 10

이해의 디딤돌

자신에게는 관대하고 타인에게 각박하게 굴 때가 참 많아요. 나는 대충해도 되지만, 남들은 그러면 안 된다고 생각합니다. 특히 가까운 가족에게 그럴 때가 많아요. 엄마 아빠는 슈퍼우먼과 슈퍼맨이 아닌데 모든 걸 다 해결해 주기를 기대해요. 가족을 포함한 남들에겐 관대하고 자신에겐 엄격하게 바꿔 보세요. 단순하지만 실천이 힘든 원칙을 지키면 공자가 말하는 군자가 될 수 있습니다.

관련 어휘 풀이

무병(無病) : 없을 무, 질병 병. 병(病)이 없음[無].
구도(求道) : 구할 구, 길 도. 진리나 종교적인 깨달음의 경지[道]를 구함[求].
구비(具備) : 갖출 구, 갖출 비. 있어야 할 것을 빠짐없이 다 갖춤[具=備].

한		사	람	에	게		모	든		것	을		갖	추
라	고		요	구	해	서	는		안		된	다	.	

無	病	無	病	無	病								
求	道	求	道	求	道								
具	備	具	備	具	備								

변명을 늘어놓지 마라

小 人 之 過 也 는
작을 **소**　　사람 **인**　　어조사 **지**　　허물 **과**　　어조사 **야**

必 文 이니라
반드시 **필**　　꾸밀 **문**

소인지과야는
필문이니라

소인은 잘못을 저지르면
반드시 꾸며댄다. 자장 8

이해의 디딤돌

자신의 잘못을 인정하는 경우는 두 가지입니다. 흔쾌히 인정하는데 진정성이 없는 경우, 흔쾌히 인정하면서 진심까지 있는 경우입니다. 그런데 아예 자신의 잘못을 인정하지 않는 사람이 대부분입니다. 어떤 사람이 군자인지는 알겠지요? 소인은 잘못을 인정하지 않을 뿐만 아니라 핑계를 대고 변명만 늘어놓습니다. 변명을 집어치우고 자신의 잘못을 흔쾌히 인정할 수 있는 용기를 낸다면 얼마나 멋진 사람인가요?

관련 어휘 풀이

과다(過多) : 지나칠 과, 많을 다. 지나치게[過] 많음[多].
필수(必修) : 반드시 필, 닦을 수. 반드시[必] 배워야 하는[修] 일.
문인(文人) : 꾸밀 문, 글월 문, 사람 인. 글 쓰는[文] 일에 종사하는 사람[人].

✏️ 한 글자 한 글자씩 천천히 써 보세요.

| 소 | 인 | 은 | | 잘 | 못 | 을 | | 저 | 지 | 르 | 면 | | 반 | 드 |
| 시 | | 꾸 | 며 | 댄 | 다 | . | | | | | | | | |

🖌️ 눈을 감고 뜻을 음미한 뒤에 다시 한번 써 보세요.

✏️ 느낀 점을 한 줄로 간단히 적어 보세요.

🖌️ 자주 사용하는 한자를 따라 써 보세요.

過	多	過	多	過	多				
必	修	必	修	必	修				
文	人	文	人	文	人